Impressum
Verlag: BABADADA GmbH, Nedderfeld 112 , 22529 Hamburg
Geschäftsführer / Verlagsleitung: Harald Hof
Druck: Books on Demand GmbH, In de Tarpen 42, 22848 Norderstedt

Imprint
Publisher: BABADADA GmbH, Nedderfeld 112 , 22529 Hamburg, Germany
Managing Director / Publishing direction: Harald Hof
Print: Books on Demand GmbH, In de Tarpen 42, 22848 Norderstedt, Germany

# de School

## die Schule

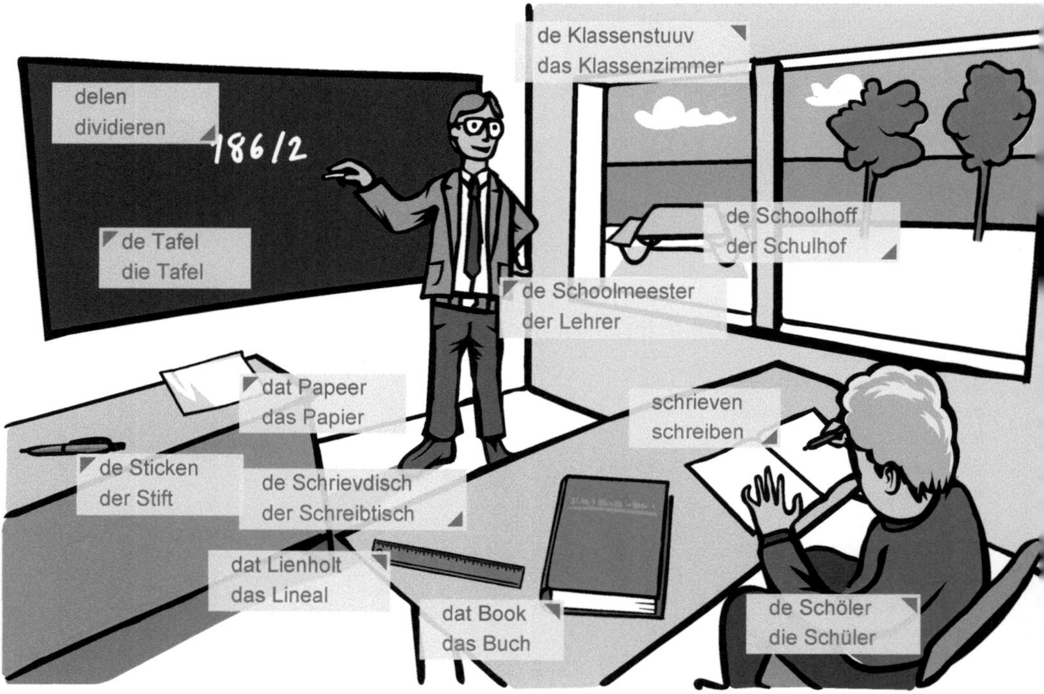

de Klassenstuuv
das Klassenzimmer

delen
dividieren

186/2

de Tafel
die Tafel

de Schoolhoff
der Schulhof

de Schoolmeester
der Lehrer

dat Papeer
das Papier

schrieven
schreiben

de Sticken
der Stift

de Schrievdisch
der Schreibtisch

dat Lienholt
das Lineal

dat Book
das Buch

de Schöler
die Schüler

de Ranzel
................
der Ranzen

de Feddermapp
................
die Federmappe

de Bleesticken
................
der Bleistift

de Scharpmaker
................
der Bleistiftanspitzer

dat Radeergummi
................
das Radiergummi

de Tekenblock
................
der Zeichenblock

de Teken

die Zeichnung

de Pinsel

der Pinsel

de Malkassen

der Malkasten

de Scheer

die Schere

de Klever

der Klebstoff

dat Heft to'n Öven

das Übungsheft

de Huusopgaav

die Hausaufgabe

**12**

de Tall

die Zahl

**2+2**

tohooptellen

addieren

**5-2**

aftrecken

subtrahieren

**2×2**

malnehmen

multiplizieren

reken

rechnen

**A**

de Bookstaav

der Buchstabe

**ABCDEFG HIJKLMN OPQRSTU VWXYZ**

dat ABC

das Alphabet

dat Woort

das Wort

de Text
.................
der Text

lesen
.................
lesen

de Kried
.................
die Kreide

de Stunn
.................
die Stunde

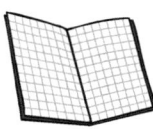

dat Klassenbook
.................
das Klassenbuch

de Pröven
.................
die Prüfung

dat Tüügnis
.................
das Zeugnis

de Schooluniform
.................
die Schuluniform

de Utbillen
.................
die Ausbildung

dat Nakieksel
.................
das Lexikon

de Universität
.................
die Universität

dat Mikroskop
.................
das Mikroskop

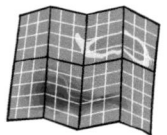

de Koort
.................
die Karte

de Papeerkorf
.................
der Papierkorb

de School - die Schule

dat Hotel
das Hotel

de Harbarg
die Herberge

de Wesselstuuv
die Wechselstube

de Kuffer
der Koffer

dat Auto
das Auto

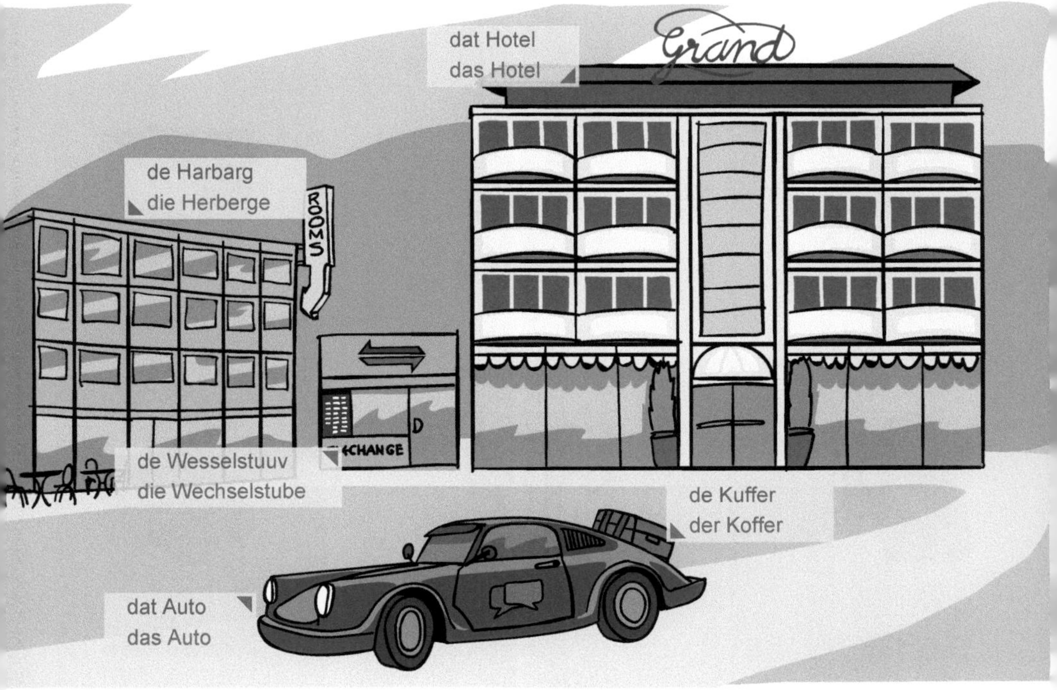

de Spraak
die Sprache

jo / ne
ja / nein

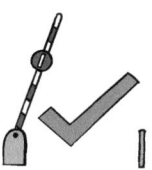

Jo
Okay

Moin
Hallo

de Översetter
der Übersetzer

Dank ok
Danke

Wat kost…?

Was kostet…?

Ik verstah nich

Ich verstehe nicht

dat Problem

das Problem

Goden Avend

Guten Abend!

Moin!

Guten Morgen!

Gode Nacht!

Gute Nacht!

Tschüüs

Auf Wiedersehen

de Richt

die Richtung

de Bagaasch

das Gepäck

de Tasch

die Tasche

de Rüchsack

der Rucksack

de Gast

der Gast

de Stuuv

das Zimmer

de Slaapsack

der Schlafsack

dat Telt

das Zelt

Touristeninformatschoon

die Touristeninformation

de Strand

der Strand

de Kreditkoort

die Kreditkarte

dat Fröhstück

das Frühstück

dat Meddageten

das Mittagessen

dat Avendeten

das Abendessen

de Fohrkort

die Fahrkarte

de Fohrstohl

der Fahrstuhl

de Breefmark

die Briefmarke

de Grenz

die Grenze

de Toll

der Zoll

de Bottschop

die Botschaft

dat Visum

das Visum

de Pass

der Pass

# de Transport
# der Transport

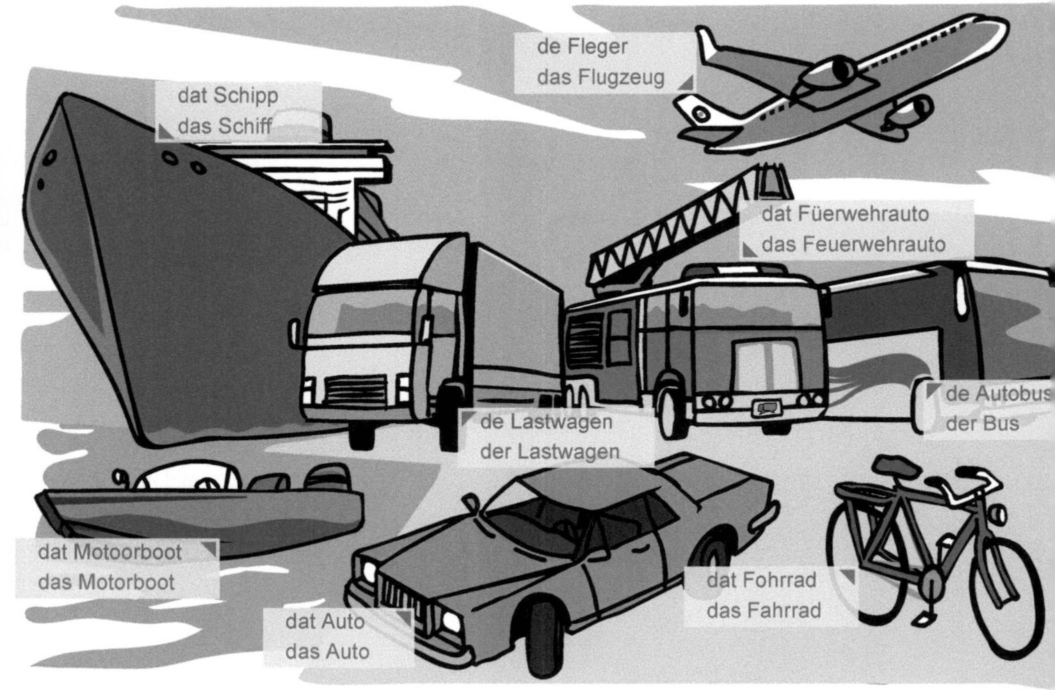
de Fleger
das Flugzeug
dat Schipp
das Schiff
dat Füerwehrauto
das Feuerwehrauto
de Autobus
der Bus
de Lastwagen
der Lastwagen
dat Motoorboot
das Motorboot
dat Fohrrad
das Fahrrad
dat Auto
das Auto

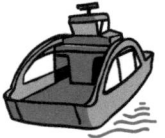

de Fähr

die Fähre

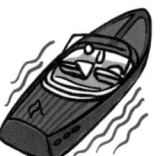

dat Boot

das Boot

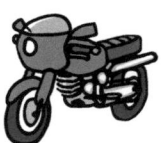

dat Motoorrad

das Motorrad

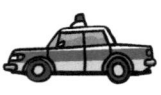

dat Polizeiauto

das Polizeiauto

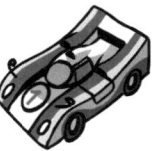

dat Rönnauto

das Rennauto

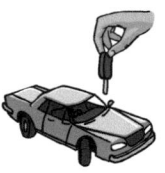

de Lehnwagen

der Mietwagen

dat Carsharing

das Carsharing

de Afsleepwagen

der Abschleppwagen

dat Müllauto

das Müllauto

de Motoor

der Motor

de Kraftstoff

der Kraftstoff

de Tanksteed

die Tankstelle

dat Verkehrsschild

das Verkehrsschild

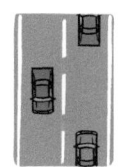

de Verkehr

der Verkehr

de Stau

der Stau

de Afstellplatz

der Parkplatz

de Bahnhoff

der Bahnhof

de Sporen

die Schienen

de Tog

der Zug

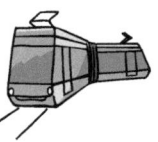

de Stratenbahn

die Straßenbahn

de Wagon

der Wagon

de Dwarsmöhl

der Helikopter

de Flooghaven

der Flughafen

de Tower

der Tower

de Fohrgast

der Passagier

de Grootkist

der Container

de Karton

der Karton

de Koor

der Karren

de Korf

der Korb

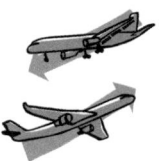

starten / lannen

starten / landen

## de Stadt

## die Stadt

dat Dörp

das Dorf

de Binnenstadt

das Stadtzentrum

dat Huus

das Haus

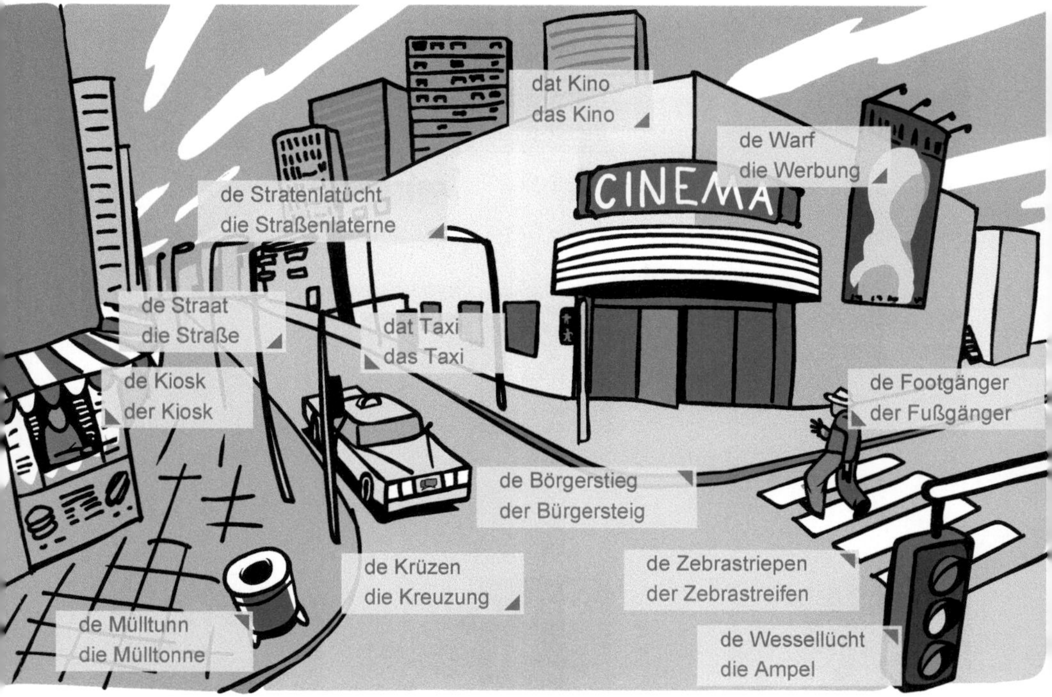

dat Kino
das Kino

de Warf
die Werbung

de Stratenlatücht
die Straßenlaterne

de Straat
die Straße

dat Taxi
das Taxi

de Kiosk
der Kiosk

de Footgänger
der Fußgänger

de Börgerstieg
der Bürgersteig

de Krüzen
die Kreuzung

de Zebrastriepen
der Zebrastreifen

de Mülltunn
die Mülltonne

de Wessellücht
die Ampel

de Hütt
............
die Hütte

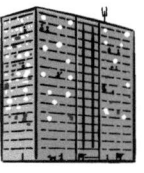

de Wahnung
............
die Wohnung

de Bahnhoff
............
der Bahnhof

dat Raathuus
............
das Rathaus

dat Museum
............
das Museum

de School
............
die Schule

de Stadt  -  die Stadt

de Universität
die Universität

de Bank
die Bank

dat Krankenhuus
das Krankenhaus

dat Hotel
das Hotel

de Afteek
die Apotheke

dat Büro
das Büro

de Bookhökerie
die Buchhandlung

de Hökerie
das Geschäft

de Blomenhökerie
der Blumenladen

de Supermarkt
der Supermarkt

de Markt
der Markt

dat Koophuus
das Kaufhaus

de Fischhökerie
der Fischhändler

dat Inkoopszentrum
das Einkaufszentrum

de Haven
der Hafen

de Parkanlaag

der Park

de Bank

die Bank

de Brüch

die Brücke

de Trepp

die Treppe

de Ünnergrundbahn

die U-Bahn

de Tunnel

der Tunnel

de Busstoppsteed

die Bushaltestelle

de Bar

die Bar

dat Spieslokal

das Restaurant

de Breefkassen

der Briefkasten

dat Stratenschild

das Straßenschild

de Parkklock

die Parkuhr

de Deertenpark

der Zoo

de Baadanstalt

die Badeanstalt

de Moschee

die Moschee

de Stadt  -  die Stadt

de Buernhoff

der Bauernhof

de Ümweltversmudden

die Umweltverschmutzung

de Karkhoff

der Friedhof

de Kark

die Kirche

de Speelplatz

der Spielplatz

de Tempel

der Tempel

## de Landschop
## die Landschaft

dat Blatt
das Blatt

de Wiespahl
der Wegweiser

de Weg
der Weg

de Wisch
die Wiese

de Steen
der Stein

de Boom
der Baum

de Wannerer
der Wanderer

de Fluss
der Fluss

dat Gras
das Gras

de Bloom
die Blume

dat Daal
das Tal

de Barg
der Berg

de See
der See

dat Holt
der Wald

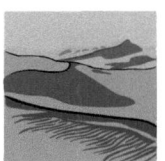

de Wööst
die Wüste

de Füerspien Barg
der Vulkan

dat Slott
das Schloss

de Regenbagen
der Regenbogen

de Poggenstohl
der Pilz

de Palm
die Palme

de Steekmück
der Moskito

de Fleeg
die Fliege

de Miegeemk
die Ameise

de Imm
die Biene

de Spinn
die Spinne

de Sebber

der Käfer

de Pogg

der Frosch

de Katteker

das Eichhörnchen

de Swienegel

der Igel

de Haas

der Hase

de Uul

die Eule

de Vagel

die Vogel

de Swaan

der Schwan

dat Wildswien

das Wildschwein

de Hirsch

der Hirsch

de Elk

der Elch

de Staudamm

der Staudamm

dat Windrad

das Windrad

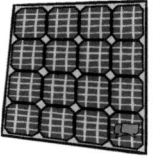

dat Solarmodul

das Solarmodul

dat Klima

das Klima

# dat Spieslokal
## das Restaurant

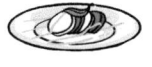

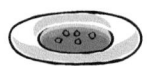

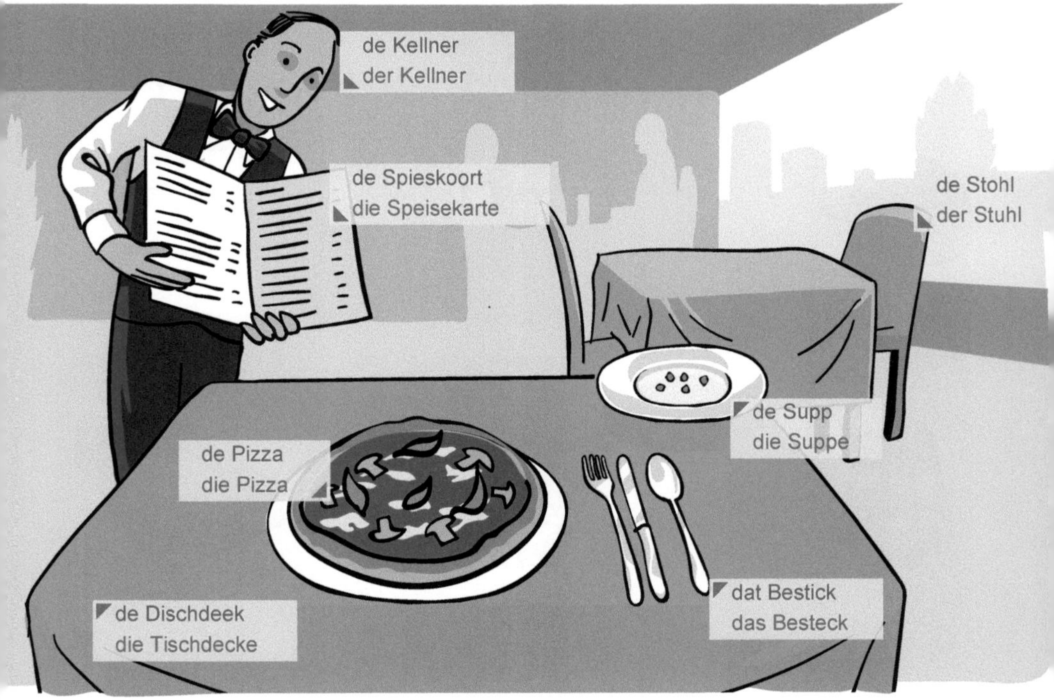

de Kellner
der Kellner
de Spieskoort
die Speisekarte
de Stohl
der Stuhl
de Supp
die Suppe
de Pizza
die Pizza
dat Bestick
das Besteck
de Dischdeek
die Tischdecke


de Vörspies

die Vorspeise

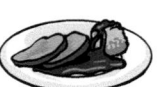

dat Haupteten

das Hauptgericht

de Nadisch

die Nachspeise

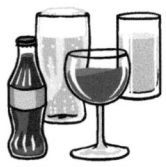

de Drünk

die Getränke

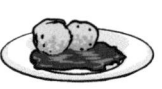

dat Eten

das Essen

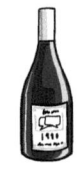

de Buddel

die Flasche

dat Fastfood

das Fastfood

dat Strateneten

das Streetfood

de Teekann

die Teekanne

de Zuckerdoos

die Zuckerdose

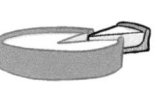

de Portschoon

die Portion

de Espressomaschien

die Espressomaschine

de Hoochstohl

der Hochstuhl

de Reken

die Rechnung

dat Tablett

das Tablett

dat Mess

das Messer

de Gavel

die Gabel

de Lepel

der Löffel

de Teelepel

der Teelöffel

dat Munddook

die Serviette

dat Glas

das Glas

dat Spieslokal - das Restaurant

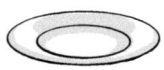

de Töller

der Teller

de Suppentöller

der Suppenteller

de Ünnertass

die Untertasse

de Sooß

die Sauce

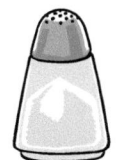

de Soltstreuer

der Salzstreuer

de Pepermöhl

die Pfeffermühle

de Etig

der Essig

dat Ööl

das Öl

de Krüder

die Gewürze

de Ketchup

das Ketchup

de Mostrich

der Senf

de Mayonnaise

die Mayonnaise

# de Supermarkt
# der Supermarkt

dat Anbott
das Angebot
FOR
de Kunn
der Kunde
de Melkprodukten
die Milchprodukte
dat Aaft
das Obst
de Inkoopswagen
der Einkaufswagen

BUTCHERS

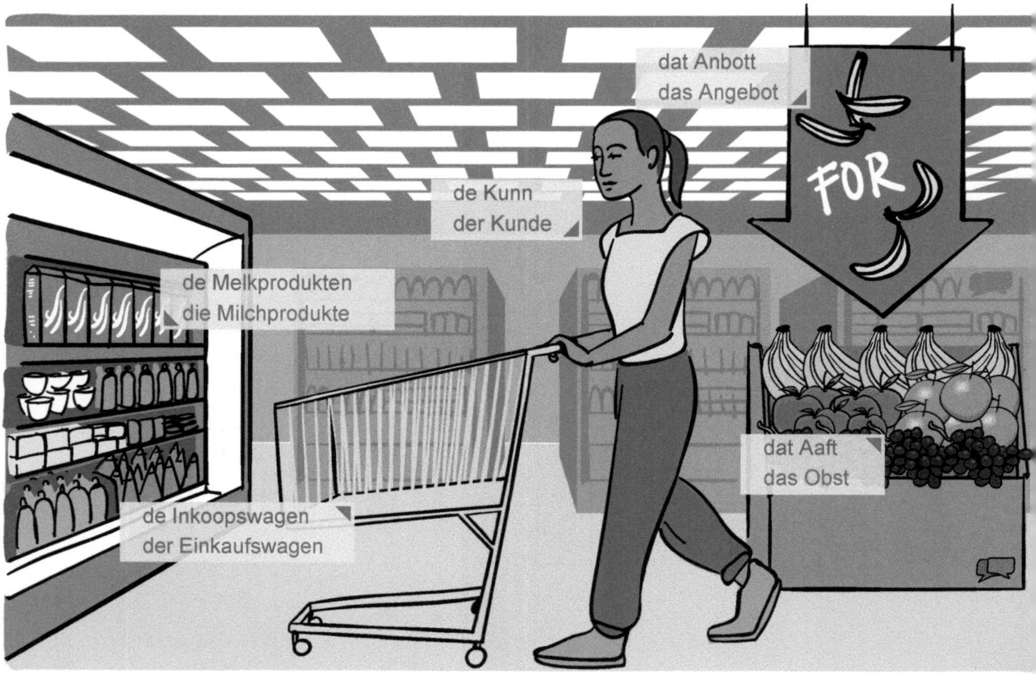

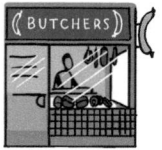

de Slachterie

die Schlachterei

BAKERY

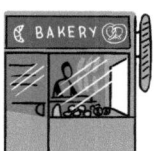

de Bäckerie

die Bäckerei

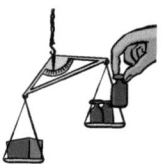

wegen

wiegen

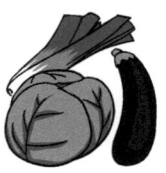

de Gröönsaken

das Gemüse

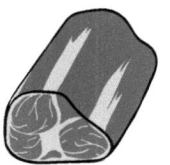

dat Fleesch

das Fleisch

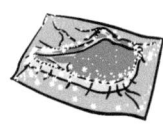

de Deepköhlkost

die Tiefkühlkost

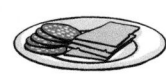

de Opsnitt

der Aufschnitt

de Konserven

die Konserven

de Waschmiddel

das Waschmittel

de Snoopkraam

die Süßigkeiten

de Huushooltssaken

die Haushaltsartikel

de Reinmaaktüüch

das Reinigungsmittel

de Verköpersche

die Verkäuferin

de Kass

die Kasse

de Kasserer

der Kassierer

de Inkoopslist

die Einkaufsliste

de Opsparrtieden

die Öffnungszeiten

de Breeftasch

die Brieftasche

de Kreditkoort

die Kreditkarte

de Tasch

die Tasche

de Plastiktüüt

die Plastiktüte

dat Water

das Wasser

de Saft

der Saft

de Melk

die Milch

de Cola

die Cola

de Wien

der Wein

dat Beer

das Bier

de Spriet

der Alkohol

de Kakao

der Kakao

de Tee

der Tee

de Koffie

der Kaffee

de Espresso

der Espresso

de Cappucino

der Cappuccino

de Banaan

die Banane

de Appel

der Apfel

de Appelsien

die Orange

de Meloon

die Melone

de Zitroon

die Zitrone

de Wöttel

die Karotte

de Knuuvlook

der Knoblauch

de Bambus

der Bambus

de Zibbel

die Zwiebel

de Poggenstohl

der Pilz

de Nööt

die Nüsse

de Nudeln

die Nudeln

de Spaghetti

die Spaghetti

de Ries

der Reis

de Salat

der Salat

de Pommes frites

die Pommes frites

de Braadkantüffeln

die Bratkartoffeln

de Pizza

die Pizza

de Hamborger

der Hamburger

dat Sandwich

das Sandwich

dat Snitzel

das Schnitzel

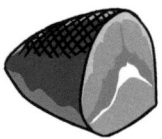

de Schinken

der Schinken

de Salami

die Salami

de Wust

die Wurst

dat Hohn

das Huhn

de Braden

der Braten

de Fisch

der Fisch

de Haverflocken
die Haferflocken

dat Müsli
das Müsli

de Cornflakes
die Cornflakes

dat Mehl
das Mehl

de Croissant
das Croissant

dat Rundstück
das Brötchen

dat Broot
das Brot

dat Toast
der Toast

de Keksen
die Kekse

de Botter
die Butter

de Quark
der Quark

de Koken
der Kuchen

dat Ei
das Ei

dat Spegelei
das Spiegelei

de Kees
der Käse

de Ies
die Eiscreme

de Zucker
der Zucker

de Honnig
der Honig

de Marmelaad
die Marmelade

de Nougat-Creme
die Nougat-Creme

dat Curry
das Curry

# de Buernhoff
## der Bauernhof

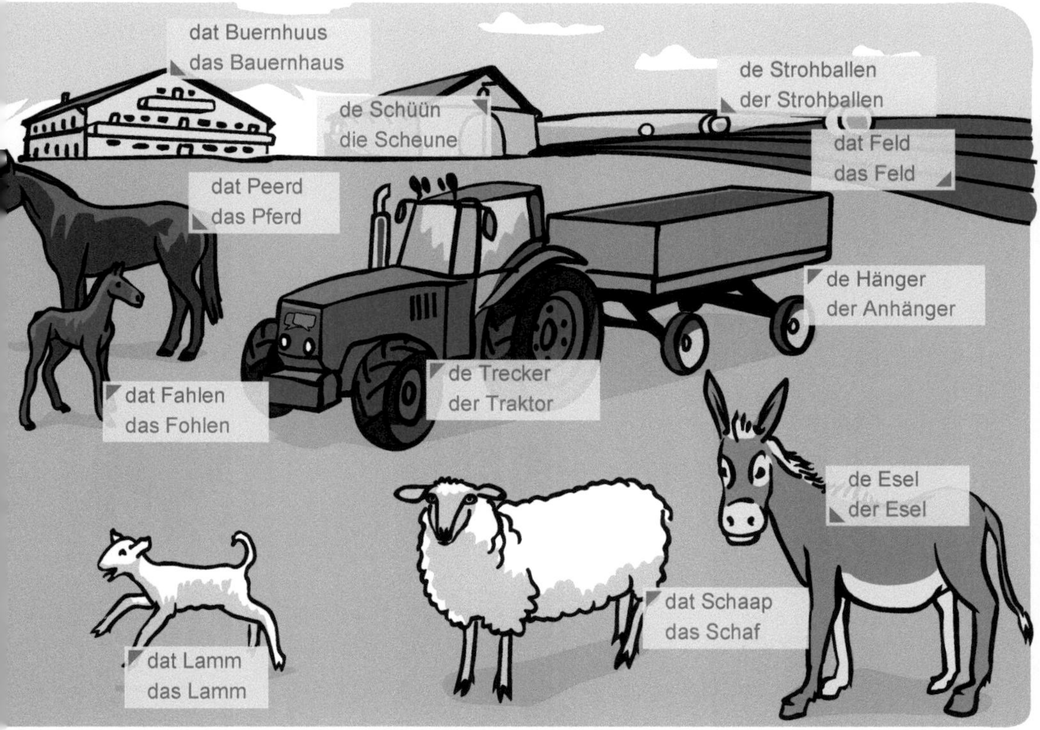

dat Buernhuus
das Bauernhaus
de Schüün
die Scheune
de Strohballen
der Strohballen
dat Feld
das Feld
dat Peerd
das Pferd
de Hänger
der Anhänger
de Trecker
der Traktor
dat Fahlen
das Fohlen
de Esel
der Esel
dat Schaap
das Schaf
dat Lamm
das Lamm


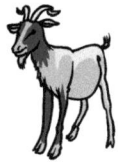

de Zeeg

die Ziege

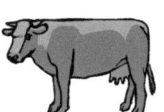

de Koh

die Kuh

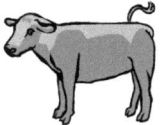

dat Kalf

das Kalb

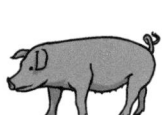

dat Swien

das Schwein

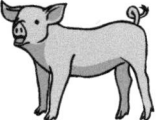

dat Farken

das Ferkel

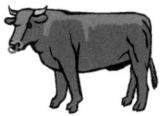

de Bull

der Bulle

de Goos

die Gans

de Aant

die Ente

dat Küken

das Küken

dat Hohn

das Huhn

de Hahn

der Hahn

de Rott

die Ratte

de Katt

die Katze

de Muus

die Maus

de Oss

der Ochse

de Hund

der Hund

de Hunnenhütt

die Hundehütte

de Goornslauch

der Gartenschlauch

de Geetkann

die Gießkanne

de Lee

die Sense

de Ploog

der Pflug

de Buernhoff - der Bauernhof

de Sich

die Sichel

de Hack

die Hacke

de Mestfork

die Mistgabel

de Ext

die Axt

de Schuufkoor

die Schubkarre

de Trog

der Trog

de Melkkann

die Milchkanne

de Sack

der Sack

de Tuun

der Zaun

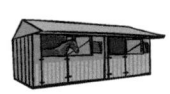

de Stall

der Stall

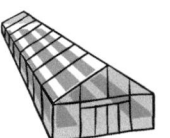

dat Drievhuus

das Treibhaus

de Bodden

der Boden

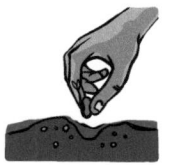

de Saat

die Saat

de Dünger

der Dünger

de Meihdöscher

der Mähdrescher

oornen

ernten

de Oorn

die Ernte

de Yamswöttel

die Yamswurzel

de Weten

der Weizen

dat Soja

das Soja

de Kantüffel

die Kartoffel

de Törksche Weten

der Mais

de Rapp

der Raps

de Aaftboom

der Obstbaum

de Troopsch Kantüffel

der Maniok

dat Koorn

das Getreide

# dat Huus
# das Haus

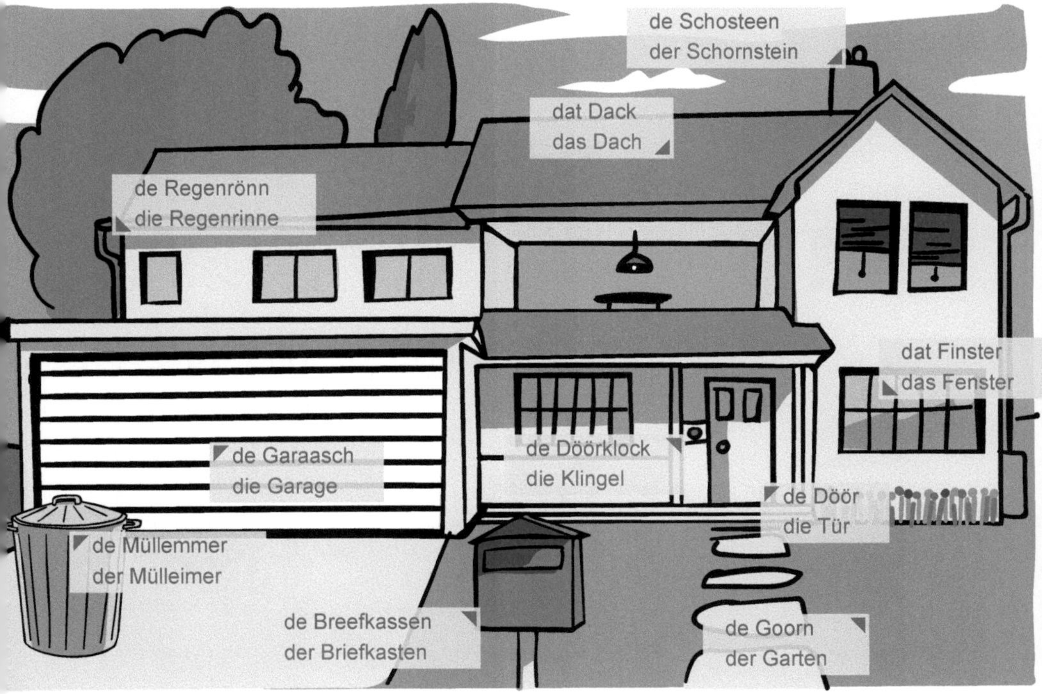

de Schosteen
der Schornstein
dat Dack
das Dach
de Regenrönn
die Regenrinne
dat Finster
das Fenster
de Garaasch
die Garage
de Döörklock
die Klingel
de Döör
die Tür
de Müllemmer
der Mülleimer
de Breefkassen
der Briefkasten
de Goorn
der Garten


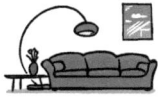

de Wahnstuuv
..................
das Wohnzimmer

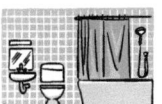

de Baadstuuv
..................
das Badezimmer

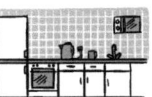

de Köök
..................
die Küche

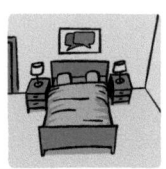

de Slaapstuuv
..................
das Schlafzimmer

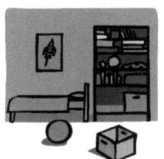

de Kinnerstuuv
..................
das Kinderzimmer

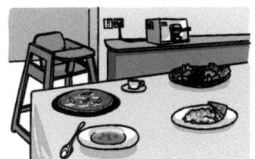

de Eetstuuv
..................
das Esszimmer

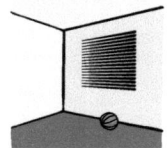

de Footbodden
der Boden

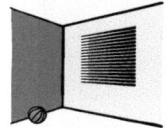

de Wand
die Wand

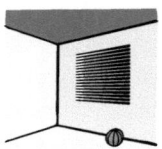

de Deek
die Decke

de Keller
der Keller

dat Hittluftbad
die Sauna

de Balkon
der Balkon

de Terrass
die Terrasse

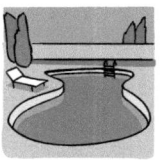

dat Swümmbad
das Schwimmbad

de Rasenmeiher
der Rasenmäher

de Bettbetog
der Bettbezug

de Bettdeek
die Bettdecke

de Puuch
das Bett

de Bessen
der Besen

de Emmer
der Eimer

de Schalter
der Schalter

# de Wahnstuuv
# das Wohnzimmer

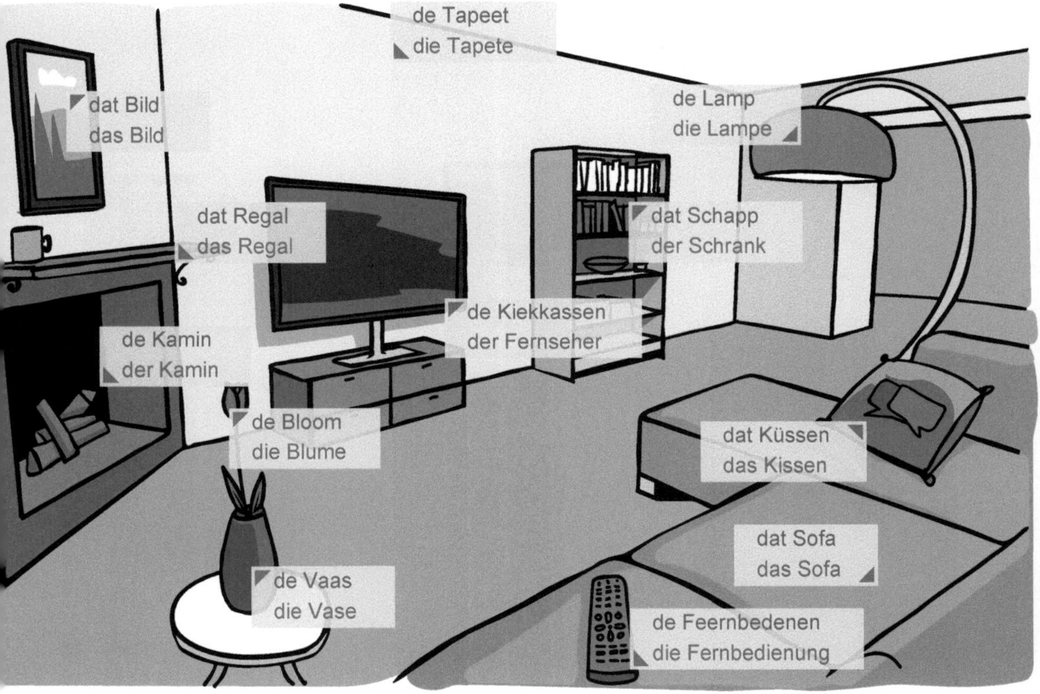

de Tapeet
die Tapete
dat Bild
das Bild
de Lamp
die Lampe
dat Regal
das Regal
dat Schapp
der Schrank
de Kiekkassen
der Fernseher
de Kamin
der Kamin
de Bloom
die Blume
dat Küssen
das Kissen
dat Sofa
das Sofa
de Vaas
die Vase
de Feernbedenen
die Fernbedienung


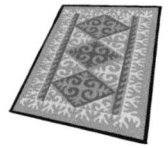

de Teppich
..................
der Teppich

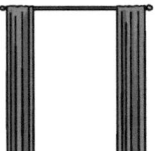

de Vörhang
..................
der Vorhang

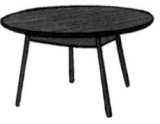

de Disch
..................
der Tisch

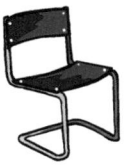

de Stohl
..................
der Stuhl

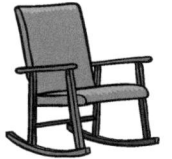

de Schuckelstohl
..................
der Schaukelstuhl

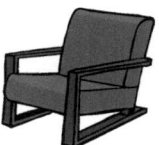

de Sessel
..................
der Sessel

dat Book
................
das Buch

de Deek
................
die Decke

de Dekoratschoon
................
die Dekoration

dat Füerholt
................
das Feuerholz

de Film
................
der Film

de Stereoanlaag
................
die Stereoanlage

de Slötel
................
der Schlüssel

dat Narichtenblatt
................
die Zeitung

dat Gemälde
................
das Gemälde

dat Poster
................
das Poster

dat Radio
................
das Radio

de Opschrievblock
................
der Notizblock

de Huulbessen
................
der Staubsauger

de Kaktus
................
der Kaktus

de Kars
................
die Kerze

# de Köök
# die Küche

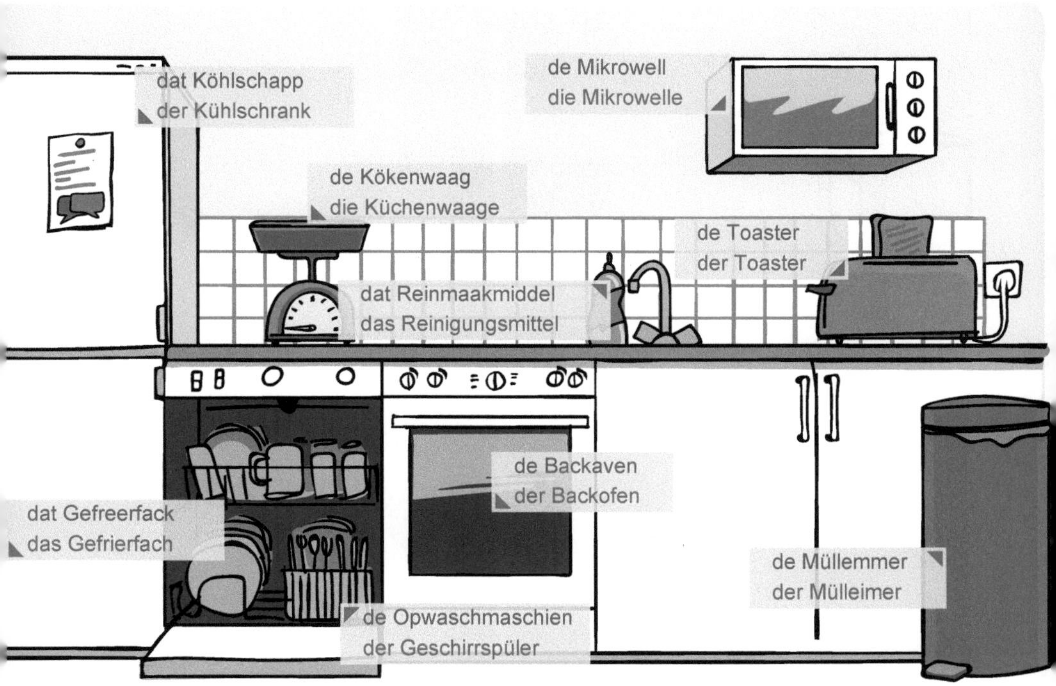

dat Köhlschapp
der Kühlschrank
de Mikrowell
die Mikrowelle
de Kökenwaag
die Küchenwaage
de Toaster
der Toaster
dat Reinmaakmiddel
das Reinigungsmittel
de Backaven
der Backofen
dat Gefreerfack
das Gefrierfach
de Müllemmer
der Mülleimer
de Opwaschmaschien
der Geschirrspüler


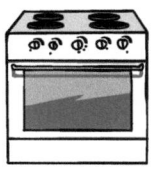

de Heerd

der Herd

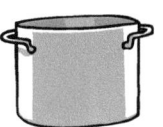

de Pott

der Topf

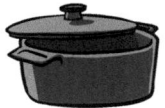

de Gussiesern Putt

der Eisentopf

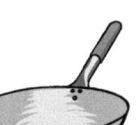

de Wok / Kadai

der Wok / Kadai

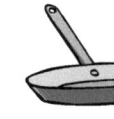

de Pann

die Pfanne

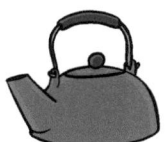

de Waterkaker

der Wasserkocher

de Dampkaakputt

der Dampfgarer

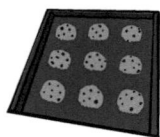

dat Backblick

das Backblech

dat Geschirr

das Geschirr

de Beker

der Becher

de Schaal

die Schale

de Eetsticken

die Essstäbchen

de Suppenkell

die Suppenkelle

de Pannenwenner

der Pfannenwender

de Sneebessen

der Schneebesen

dat Kaakseef

das Kochsieb

dat Seef

das Sieb

de Riev

die Reibe

de Mörser

der Mörser

de Grill

der Grill

de Füerstell

die Feuerstelle

dat Sniedbrett

das Schneidebrett

dat Nudelholt

das Nudelholz

de Proppentrecker

der Korkenzieher

de Doos

die Dose

de Dosenaapner

der Dosenöffner

de Pottlappen

der Topflappen

dat Waschbecken

das Waschbecken

de Böst

die Bürste

de Swamm

der Schwamm

de Mixer

der Mixer

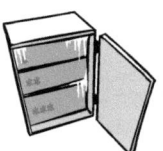

dat Iesschapp

die Gefriertruhe

de Nuckelbuddel

die Babyflasche

de Waterhahn

der Wasserhahn

# de Baadstuuv
# das Badezimmer

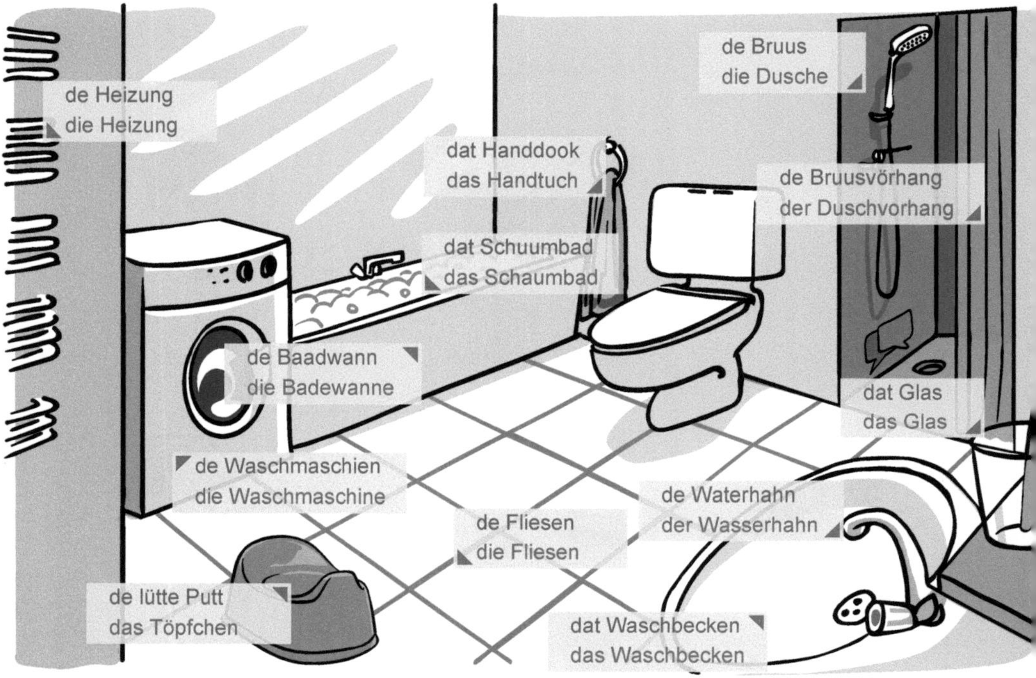
de Bruus
die Dusche
de Heizung
die Heizung
dat Handdook
das Handtuch
de Bruusvörhang
der Duschvorhang
dat Schuumbad
das Schaumbad
de Baadwann
die Badewanne
dat Glas
das Glas
de Waschmaschien
die Waschmaschine
de Waterhahn
der Wasserhahn
de Fliesen
die Fliesen
de lütte Putt
das Töpfchen
dat Waschbecken
das Waschbecken

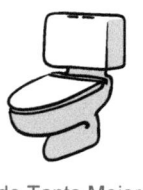

de Tante Meier

die Toilette

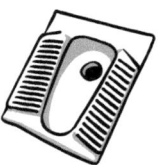

de Hockklo

die Hocktoilette

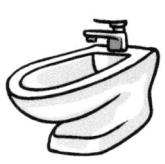

dat Bidet

das Bidet

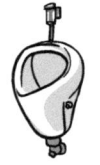

dat Miegbecken

das Pissoir

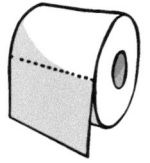

dat Klopapeer

das Toilettenpapier

de Klobõst

die Toilettenbürste

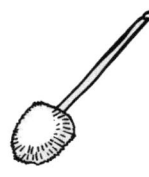

de Tähnböst

die Zahnbürste

de Tähnpast

die Zahnpasta

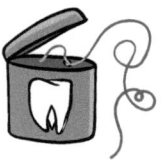

de Tähnsied

die Zahnseide

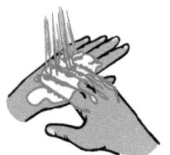

waschen

waschen

de Handbruus

die Handbrause

de Intimbruus

die Intimdusche

de Waschschöttel

die Waschschüssel

de Rüchböst

die Rückenbürste

de Seep

die Seife

dat Bruusgeel

das Duschgel

dat Hoorwaschmiddel

das Shampoo

de Waschlappen

der Waschlappen

de Afloop

der Abfluss

de Creme

die Creme

dat Deodorant

das Deodorant

de Spegel

der Spiegel

de Kosmetikspegel

der Kosmetikspiegel

de Raserer

der Rasierer

de Raseerschuum

der Rasierschaum

dat Raseerwater

das Rasierwasser

de Kamm

der Kamm

de Böst

die Bürste

de Hoordröger

der Föhn

dat Hoorspray

das Haarspray

de Smink

das Makeup

de Lippensticken

der Lippenstift

de Nagellack

der Nagellack

de Watt

die Watte

de Nagelscheer

die Nagelschere

dat Rüükwater

das Parfum

de Kulturbüdel

der Kulturbeutel

de Schemel

der Hocker

de Waag

die Waage

de Baadmantel

der Bademantel

de Gummihanschen

die Gummihandschuhe

de Tampon

das Tampon

de Damenbinn

die Damenbinde

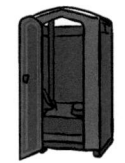

dat Chemieklo

die Chemietoilette

# de Kinnerstuuv

# das Kinderzimmer

de Wecker
der Wecker
dat Knudeldeert
das Kuscheltier
dat Speeltüüchauto
das Spielzeugauto
de Klöter
die Rassel
dat Poppenhuus
das Puppenhaus
dat Geschenk
das Geschenk

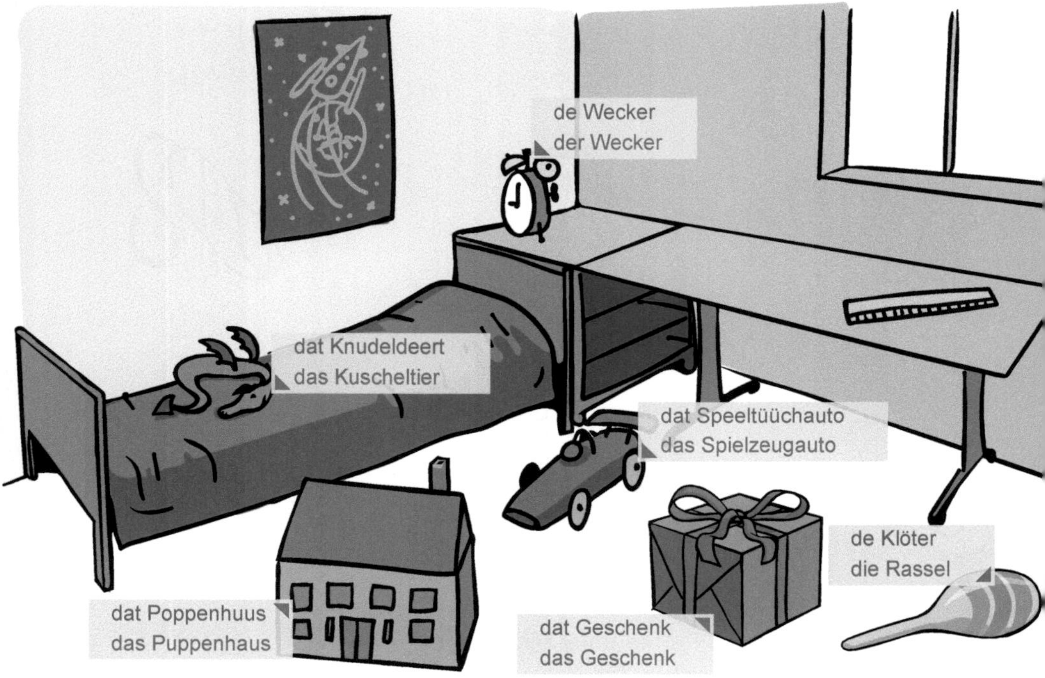

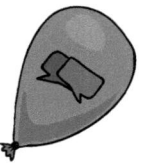

de Luftballon

der Ballon

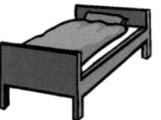

de Puuch

das Bett

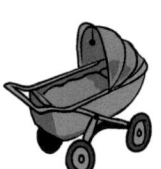

de Kinnerwagen

der Kinderwagen

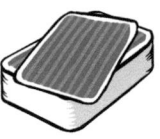

dat Koortenspeel

das Kartenspiel

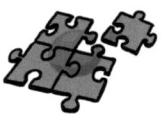

dat Puzzle

das Puzzle

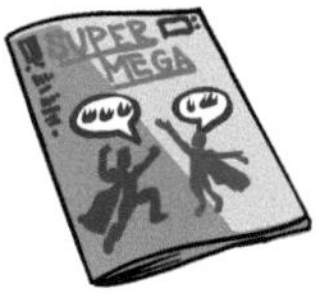

de Billergeschicht

der Comic

de Legostenen

die Legosteine

de Bustenen

die Bausteine

de Action-Figur

die Action Figur

de Strampelantog

der Strampelanzug

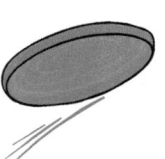

de Frisbeeschiev

das Frisbee

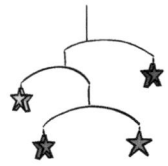

dat Mobile

das Mobile

dat Brettspeel

das Brettspiel

de Wörpel

der Würfel

de Modelliesenbahn

die Modelleisenbahn

de Snuller

der Schnuller

de Party

die Party

dat Billerbook

das Bilderbuch

de Ball

der Ball

de Popp

die Puppe

spelen

spielen

de Sandkassen

der Sandkasten

de Schuckel

die Schaukel

dat Speeltüüch

das Spielzeug

de Speelkonsool

die Spielkonsole

dat Dreerad

das Dreirad

de Teddyboor

der Teddy

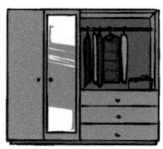

dat Klederschapp

der Kleiderschrank

## dat Tüüch
## die Kleidung

de Socken

die Socken

de Strümp

die Strümpfe

de Strumpbüx

die Strumpfhose

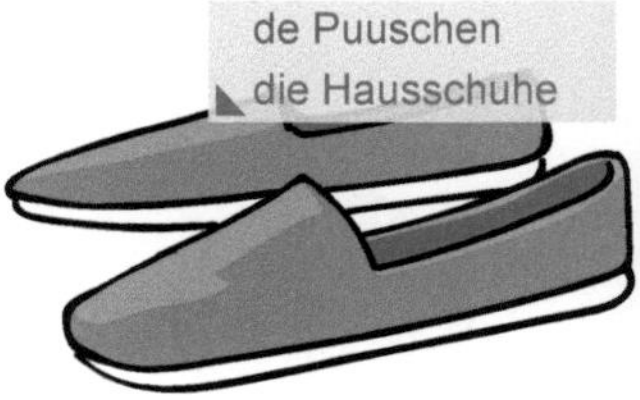

dat Halsdook
der Schal

de Liefreem
der Gürtel

de Paraplü
der Regenschirm

dat T-Shirt
das T-Shirt

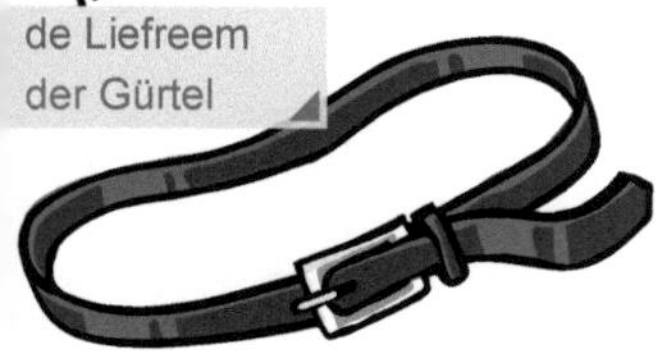

de Stevel
der Stiefel

de Puuschen
die Hausschuhe

de Turnschoh
die Turnschuhe

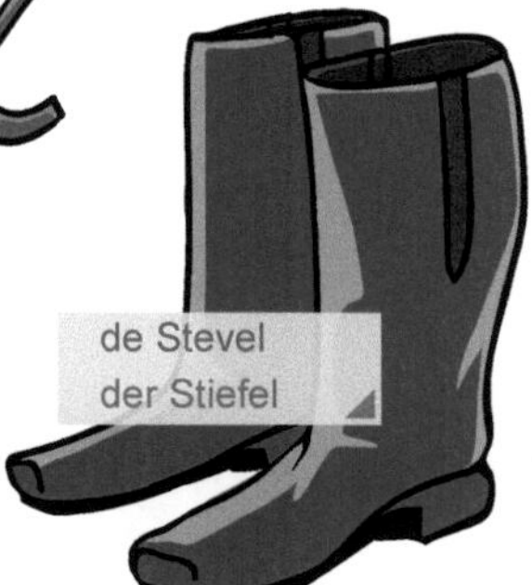

de Sandalen
die Sandalen

de Schoh
die Schuhe

de Gummistevel
die Gummistiefel

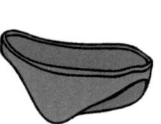

de Ünnerbüx
die Unterhose

de Bostholler
der Büstenhalter

dat Ünnerhemd
das Unterhemd

dat Tüüch  -  die Kleidung

de Lief

der Body

de Büx

die Hose

de Jeansnüx

die Jeans

de Rock

der Rock

de Bluus

die Bluse

dat Hemd

das Hemd

de Pullover

der Pullover

de Kapuzenpullover

der Kapuzenpullover

de Blazer

der Blazer

de Jack

die Jacke

de Mantel

der Mantel

de Övertrecker

der Regenmantel

dat Kostüm

das Kostüm

dat Kleed

das Kleid

dat Hochtietskleed

das Hochzeitskleid

de Antog
der Anzug

dat Nachtkleed
das Nachthemd

de Slaapantog
der Schlafanzug

de Sari
der Sari

dat Koppdook
das Kopftuch

de Turban
der Turban

de Burka
die Burka

de Kaftan
der Kaftan

de Abaya
die Abaya

de Baadantog
der Badeanzug

de Baadbüx
die Badehose

de Korte Büx
die kurze Hose

de Antog to'n Öven
der Trainingsanzug

de Schört
die Schürze

de Handschoh
die Handschuhe

de Knopp

der Knopf

de Brill

die Brille

dat Armband

das Armband

de Halskeed

die Halskette

de Ring

der Ring

de Ohrbummel

der Ohrring

de Mütz

die Mütze

de Klederbögel

der Kleiderbügel

de Hoot

der Hut

de Binner

die Krawatte

de Rietslüter

der Reißverschluss

de Helm

der Helm

dat Drachtband

der Hosenträger

de Schooluniform

die Schuluniform

de Uniform

die Uniform

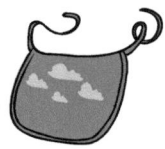

de Severböten

das Lätzchen

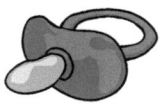

de Snuller

der Schnuller

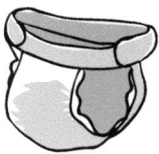

de Winnel

die Windel

# dat Büro

# das Büro

de Server
der Server
dat Aktenschapp
der Aktenschrank
at Papeer
as Papier
de Drucker
der Drucker
de Bildschirm
der Monitor
de Schrievdisch
der Schreibtisch
de Muus
die Maus
de Orner
der Ordner
dat Knoopboord
die Tastatur
de Papeerkorf
der Papierkorb
de Computer
der Computer
de Stohl
der Stuhl


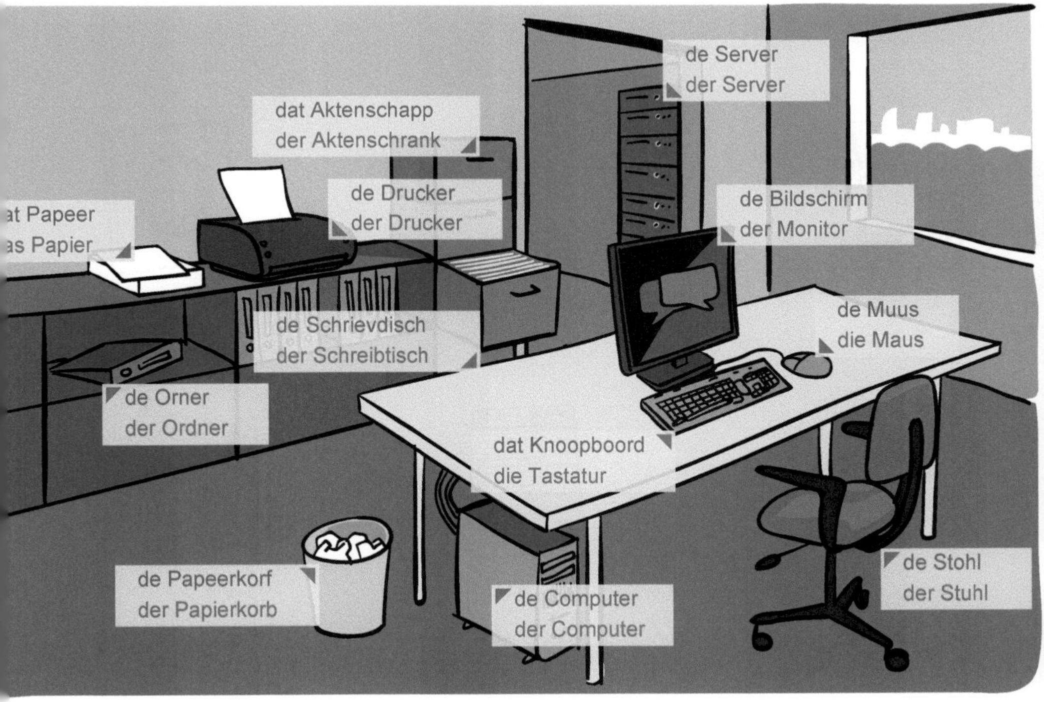

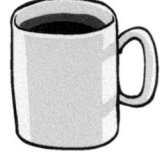

de Koffiebeker

der Kaffeebecher

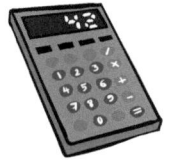

de Taschenreekner

der Taschenrechner

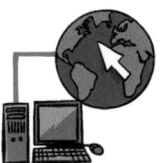

dat Internet

das Internet

de Klappreekner

der Laptop

de Breef

der Brief

de Naricht

die Nachricht

de Ackersnacker

das Handy

dat Nettwark

das Netzwerk

de Kopeerapparat

der Kopierer

de Software

die Software

de Klöönkassen

das Telefon

de Steekdoos

die Steckdose

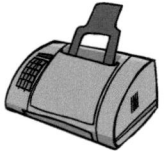

de Faxapparat

das Fax

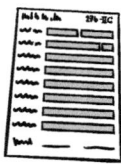

dat Formulor

das Formular

dat Dokument

das Dokument

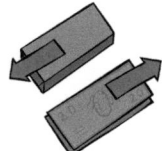

köpen

kaufen

betahlen

bezahlen

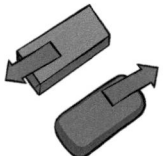

hanneln

handeln

dat Geld

das Geld

 USD

de Dollar

der Dollar

 EUR

de Euro

der Euro

JPY

de Yen

der Yen

RUB

de Ruvel

der Rubel

CHF

de Swiezer Franken

der Franken

CNY

de Renminbi Yuan

der Renminbi Yuan

INR

de Rupie

die Rupie

de Geldautomat

der Geldautomat

de Wesselstuuv
die Wechselstube

dat Gold
das Gold

dat Sülver
das Silber

dat Ööl
das Öl

de Energie
die Energie

de Pries
der Preis

de Verdrag
der Vertrag

de Stüer
die Steuer

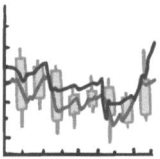

de Andeelschien
die Aktie

arbeiden
arbeiten

de Anstellte
der Angestellte

de Arbeitgever
der Arbeitgeber

de Fabrik
die Fabrik

de Hökerie
das Geschäft

# de Profeschonen
# die Berufe

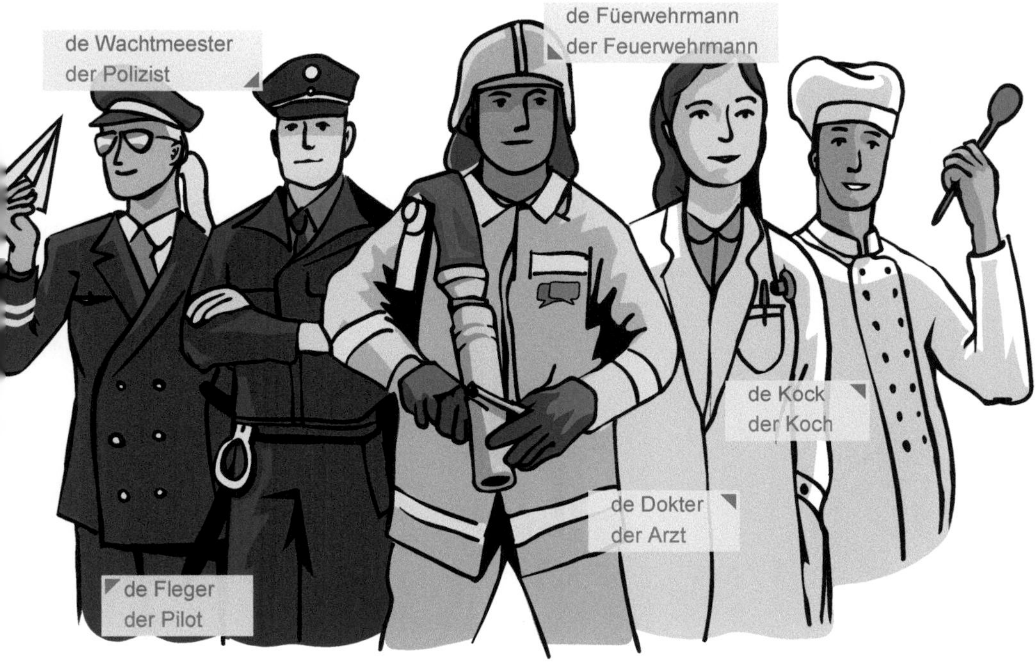

de Wachtmeester
der Polizist
de Füerwehrmann
der Feuerwehrmann
de Kock
der Koch
de Dokter
der Arzt
de Fleger
der Pilot


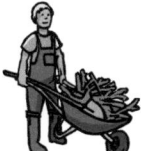

de Goorner

der Gärtner

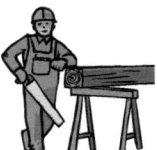

de Discher

der Tischler

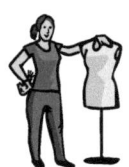

de Neihersche

die Näherin

de Richter

der Richter

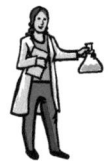

de Chemiker

der Chemiker

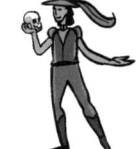

de Schauspeler

der Schauspieler

de Busfohrer

der Busfahrer

de Taxifohrer

der Taxifahrer

de Fischer

der Fischer

de Reinmaakfru

die Putzfrau

de Dackdecker

der Dachdecker

de Kellner

der Kellner

de Jäger

der Jäger

de Maler

der Maler

de Bäcker

der Bäcker

de Elektriker

der Elektriker

de Buarbeider

der Bauarbeiter

de Ingenieur

der Ingenieur

de Slachter

der Schlachter

de Klempner

der Klempner

de Postbüdel

der Postbote

de Suldat

der Soldat

de Architekt

der Architekt

de Kasserer

der Kassierer

de Florist

der Florist

de Putzbüdel

der Friseur

de Schaffner

der Schaffner

de Mechaniker

der Mechaniker

de Kaptein

der Kapitän

de Tähndokter

der Zahnarzt

de Wetenschopler

der Wissenschaftler

de Rabbi

der Rabbi

de Imam

der Imam

de Mönk

der Mönch

de Paap

der Geistliche

# dat Warktüüch
# die Werkzeuge

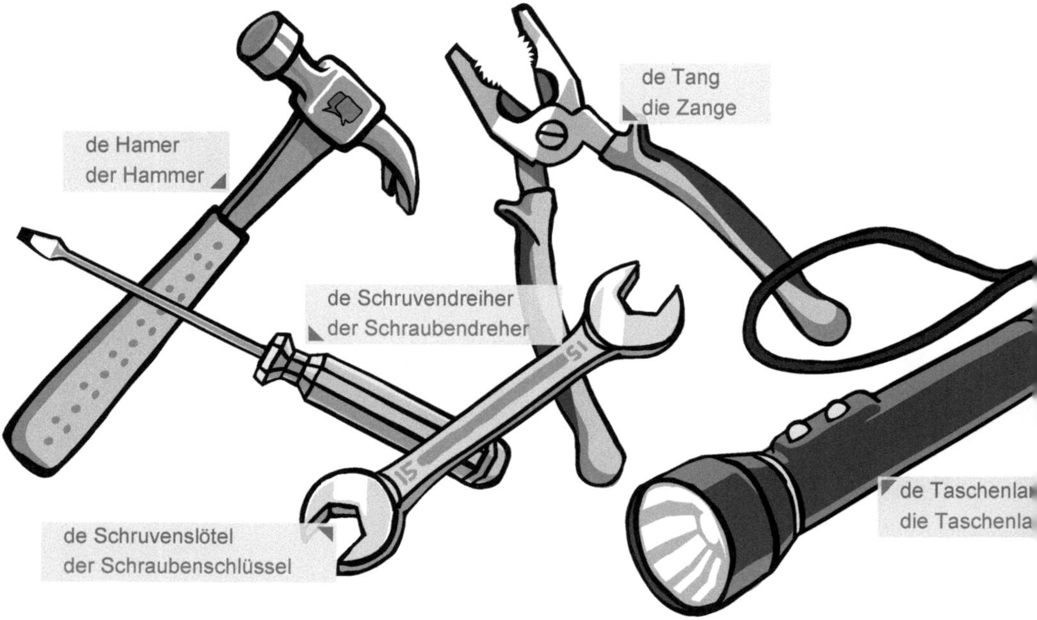

de Hamer
der Hammer

de Tang
die Zange

de Schruvendreiher
der Schraubendreher

de Schruvenslötel
der Schraubenschlüssel

de Taschenla
die Taschenla

de Grieper

der Bagger

de Warktüüchkassen

der Werkzeugkasten

de Ledder

die Leiter

de Saag

die Säge

de Nagels

die Nägel

de Bohrer

der Bohrer

heelmaken

reparieren

de Schüffel

die Schaufel

Schiet!

Mist!

dat Kehrblick

das Kehrblech

de Farvpott

der Farbtopf

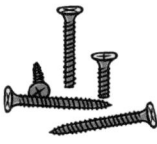

de Schruven

die Schrauben

## de Musikinstrumenten
## die Musikinstrumente

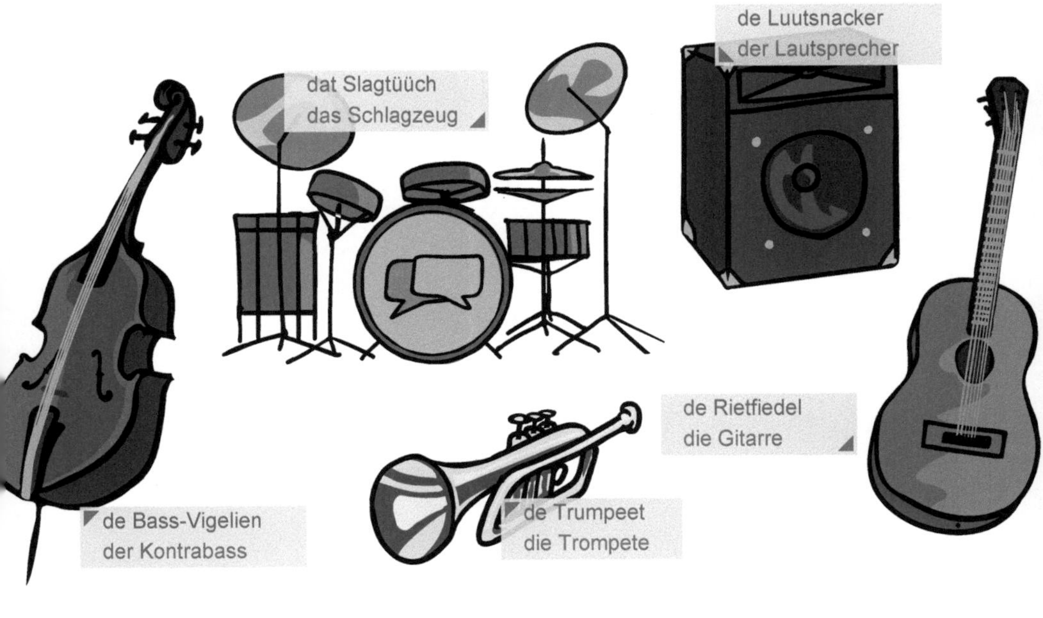

dat Slagtüüch
das Schlagzeug

de Luutsnacker
der Lautsprecher

de Rietfiedel
die Gitarre

de Bass-Vigelien
der Kontrabass

de Trumpeet
die Trompete

dat Klaveer

das Klavier

de Vigelien

die Violine

de Bass

der Bass

de Pauk

die Pauke

de Trummeln

die Trommeln

dat Keyboard

das Keyboard

dat Saxophon

das Saxophon

de Fleut

die Flöte

dat Mikrofoon

das Mikrofon

# de Deertenpark
## der Zoo

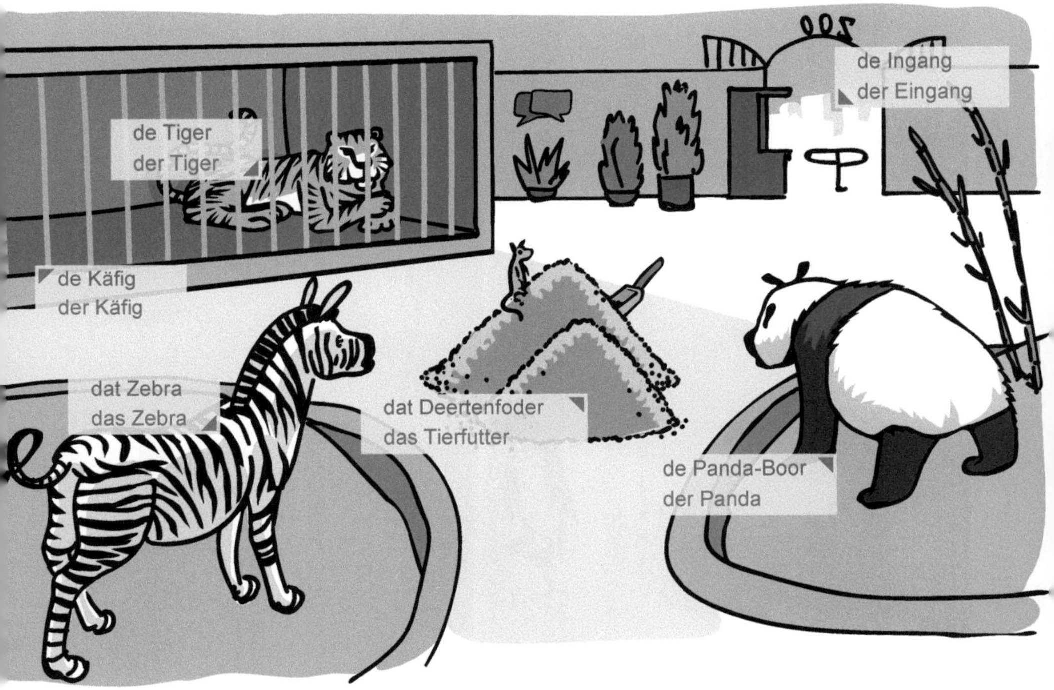
de Ingang
der Eingang
de Tiger
der Tiger
de Käfig
der Käfig
dat Zebra
das Zebra
dat Deertenfoder
das Tierfutter
de Panda-Boor
der Panda

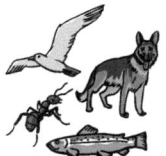

de Deerten

die Tiere

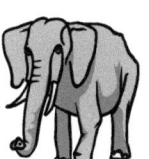

de Elefant

der Elefant

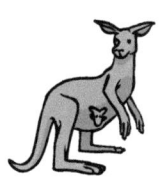

dat Känguru

das Känguruh

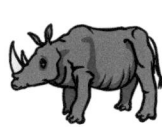

dat Neeshoorn

das Nashorn

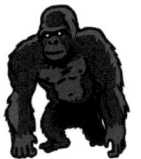

de Gorilla

der Gorilla

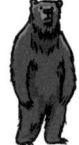

de Boor

der Bär

dat Kameel

das Kamel

de Struuß

der Strauß

de Lööv

der Löwe

de Aap

der Affe

de Flamingo

der Flamingo

de Papagoi

der Papagei

de Iesboor

der Eisbär

de Pinguin

der Pinguin

de Haifisch

der Hai

de Pageluun

der Pfau

de Slang

die Schlange

dat Krokodil

das Krokodil

de Oppasser in'n Deertenpark

der Zoowärter

de Saalhund

die Robbe

de Jaguor

der Jaguar

dat Pony

das Pony

de Leopard

der Leopard

dat Nilpeerd

das Nilpferd

de Giraff

die Giraffe

de Aadler

der Adler

dat Wildswien

das Wildschwein

de Fisch

der Fisch

de Schildkrööt

die Schildkröte

dat Walross

das Walross

de Voss

der Fuchs

de Gazell

die Gazelle

de Amerikaansch Football
das American Football

dat Radfohren
das Radfahren

dat Tennis
das Tennis

de Korfball
der Basketball

dat Swümmen
das Schwimmen

dat Boxen
das Boxen

dat Ieshockey
das Eishockey

de Football
der Fußball

dat Fedderball
das Badminton

de Leichtathletik
die Leichtathletik

de Handball
der Handball

dat Skilopen
das Skilaufen

dat Polo
das Polo

springen
springen

lachen
lachen

ümarmen
umarmen

gahn
gehen

singen
singen

drömen
träumen

beden
beten

snuteln
küssen

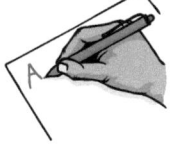

schrieven

schreiben

teken

zeichnen

wiesen

zeigen

drücken

drücken

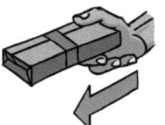

geven

geben

nehmen

nehmen

hebben
haben

doon
tun

sien
sein

stahn
stehen

lopen
laufen

trecken
ziehen

smieten
werfen

fallen
fallen

liggen
liegen

töven
warten

dregen
tragen

sitten
sitzen

antrecken
anziehen

slapen
schlafen

opwaken
aufwachen

ankieken

ansehen

wenen

weinen

eien

streicheln

kämmen

kämmen

snacken

reden

verstahn

verstehen

fragen

fragen

hören

hören

drinken

trinken

eten

essen

oprümen

aufräumen

leefhebben

lieben

kaken

kochen

fohren

fahren

flegen

fliegen

segeln
segeln

reken
rechnen

lesen
lesen

lehren
lernen

arbeiden
arbeiten

de Plünnen tohoopsmieten
heiraten

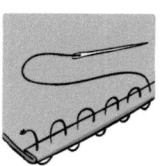

neihen
nähen

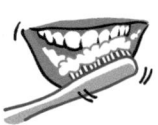

Tähnen putzen
Zähne putzen

dootmaken
töten

smöken
rauchen

schicken
senden

# de Familje
# die Familie

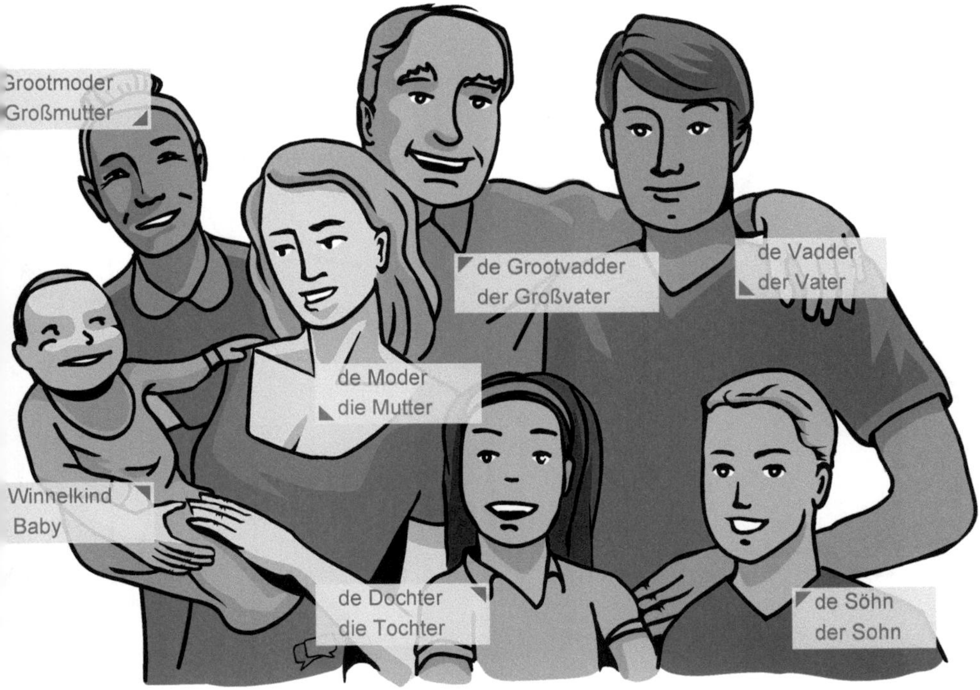
Grootmoder
Großmutter
de Grootvadder
der Großvater
de Vadder
der Vater
de Moder
die Mutter
Winnelkind
Baby
de Dochter
die Tochter
de Söhn
der Sohn

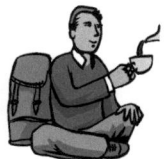

de Gast

der Gast

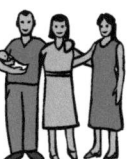

de Tant

die Tante

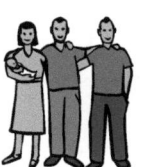

de Unkel

der Onkel

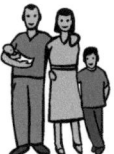

de Broder

der Bruder

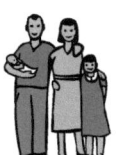

de Süster

die Schwester

# de Lief
## der Körper

de Vörkopp
die Stirn
dat Oog
das Auge
de Schuller
die Schulter
de Finger
der Finger
dat Gesicht
das Gesicht
dat Kinn
das Kinn
de Hand
die Hand
dat Been
das Bein
de Bost
die Brust
de Arm
der Arm

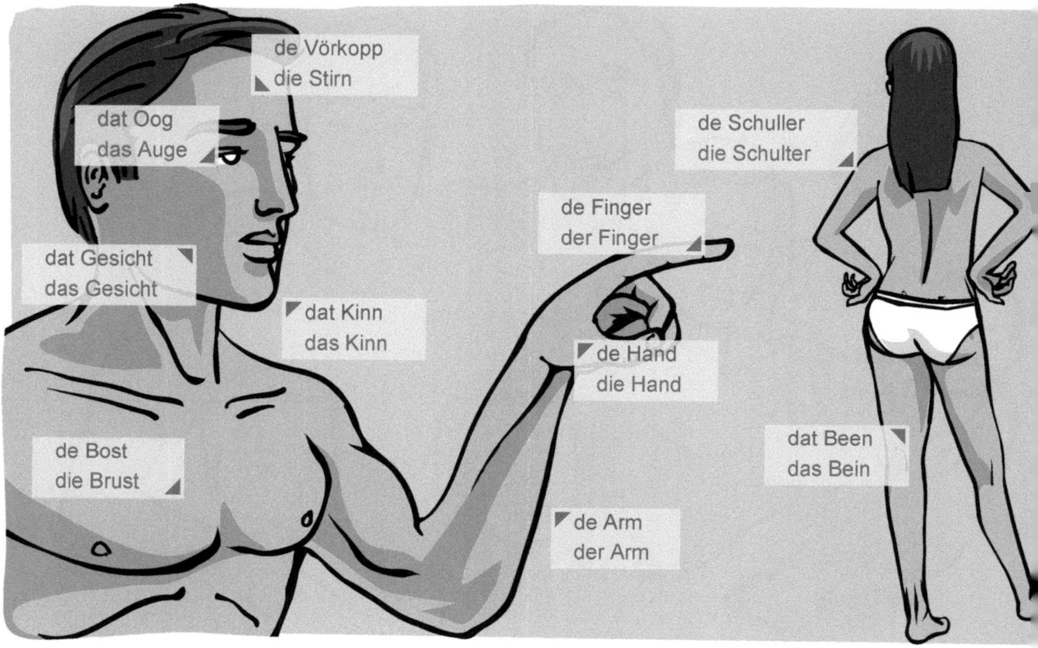

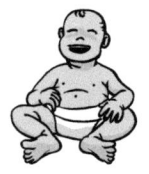

dat Winnelkind

das Baby

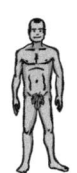

de Mann

der Mann

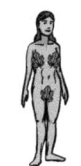

de Fro

die Frau

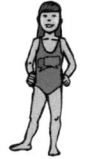

de Deern

das Mädchen

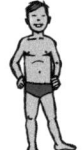

de Jung

der Junge

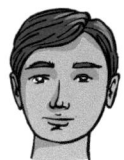

de Arm

der Kopf

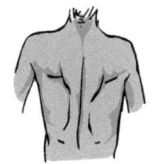

de Rüch

der Rücken

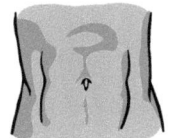

de Buuk

der Bauch

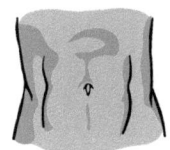

de Navel

der Nabel

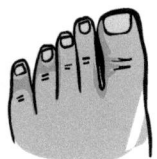

de Teh

der Zeh

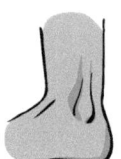

de Hack

die Ferse

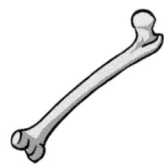

de Knaken

der Knochen

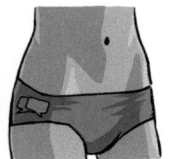

de Hüft

die Hüfte

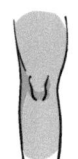

dat Knee

das Knie

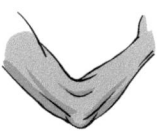

de Ellbagen

der Ellenbogen

de Nees

die Nase

de Achtersen

das Gesäß

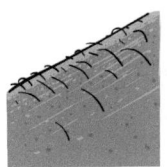

de Huut

die Haut

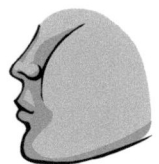

de Back

die Wange

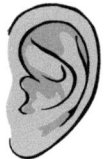

dat Ohr

das Ohr

de Lipp

die Lippe

de Lief - der Körper

69

de Mund

der Mund

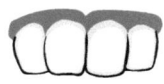

de Tähn

der Zahn

de Tung

die Zunge

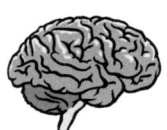

de Bregen

das Gehirn

dat Hart

das Herz

de Muskel

der Muskel

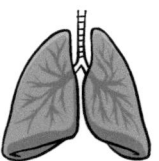

de Lung

die Lunge

de Lever

die Leber

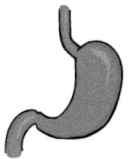

de Maag

der Magen

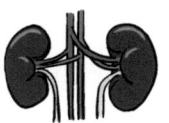

de Neren

die Nieren

de Bislaap

der Geschlechtsverkehr

dat Kondoom

das Kondom

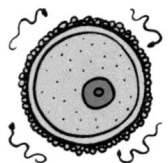

de Eizell

die Eizelle

dat Sperma

das Sperma

de Anner Ümstänn

die Schwangerschaft

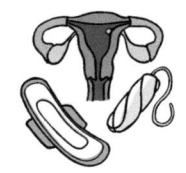

de Menstruatschoon

die Menstruation

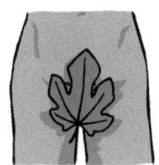

de Scheed

die Vagina

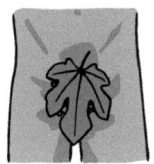

de Pint

der Penis

de Ogenbroe

die Augenbraue

dat Hoor

das Haar

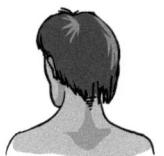

de Hals

der Hals

# dat Krankenhuus
# das Krankenhaus

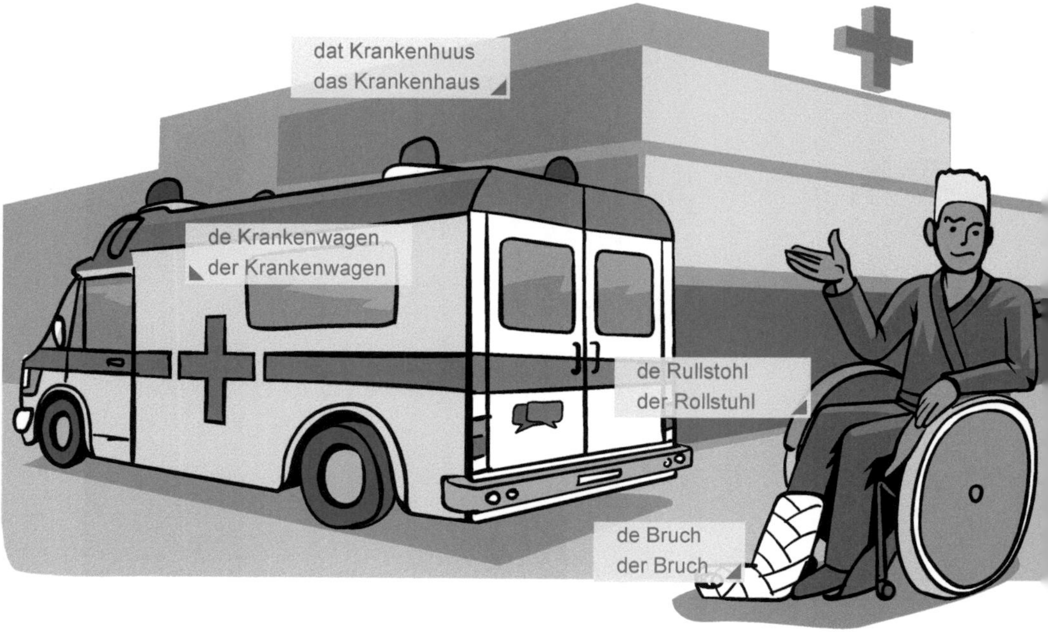

dat Krankenhuus
das Krankenhaus
de Krankenwagen
der Krankenwagen
de Rullstohl
der Rollstuhl
de Bruch
der Bruch

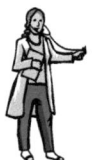

de Dokter

der Arzt

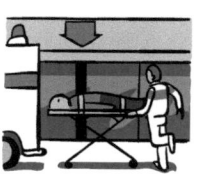

de Nootopnahm

die Notaufnahme

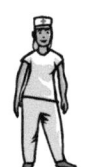

de Krankensüster

die Krankenschwester

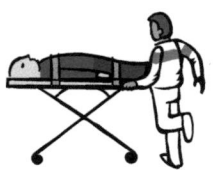

de Nootfall

der Notfall

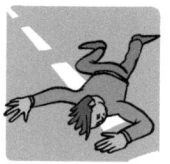

ahnmächtig

ohnmächtig

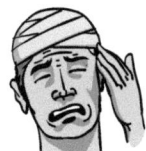

de Wehdaag

der Schmerz

de Verwunnen

die Verletzung

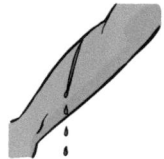

de Blöden

die Blutung

de Hartinfarkt

der Herzinfarkt

de Slaganfall

der Schlaganfall

de Allergie

die Allergie

de Hoosten

der Husten

dat Fever

das Fieber

de Gripp

die Grippe

de Dörchfall

der Durchfall

de Koppwehdaag

die Kopfschmerzen

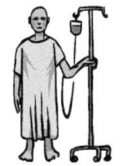

de Kreeft

der Krebs

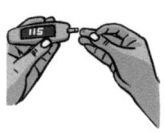

de Zuckersüük

die Diabetis

de Chirurg

der Chirurg

dat Chirurgsch Mess

das Skalpell

de Operatschoon

die Operation

dat Krankenhuus - das Krankenhaus

de CT

das CT

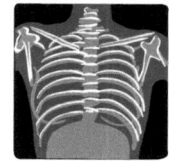

de Dörchlüchten

das Röntgen

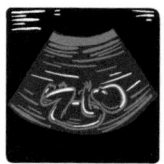

de Ultraschall

das Ultraschall

de Mask

die Maske

de Krankheit

die Krankheit

de Töövruum

das Wartezimmer

de Krück

die Krücke

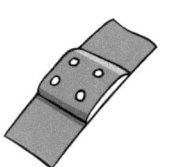

dat Plaaster

das Pflaster

de Verband

der Verband

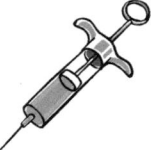

de Insprütten

die Injektion

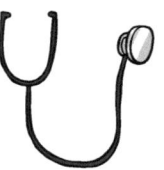

dat Stethoskop

das Stethoskop

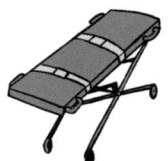

de Draag

die Trage

dat Feverthermometer

das Thermometer

de Geboort

die Geburt

dat Övergewicht

das Übergewicht

de Höörapparat

das Hörgerät

dat Kiemfriemiddel

das Desinfektionsmittel

de Ansteken

die Infektion

de Virus

das Virus

dat HIV / AIDS

das HIV / AIDS

dat Heelmiddel

die Medizin

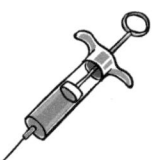

de Impen

die Impfung

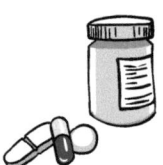

de Tabletten

die Tabletten

de Pill

die Pille

de Nootroop

der Notruf

de Blootdruck-Meter

das Blutdruck-Messgerät

krank / gesund

krank / gesund

Hölp!

Hilfe!

de Alarm

der Alarm

de Överfall

der Überfall

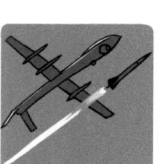

de Angreep

der Angriff

de Gefohr

die Gefahr

de Nootutgang

der Notausgang

dat Füer!

Feuer!

de Füerlöscher

der Feuerlöscher

de Unfall

der Unfall

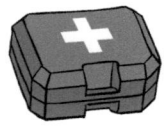

de Noothölpkoffer

der Erste-Hilfe-Koffer

SOS

SOS

de Polizei

die Polizei

Europa

das Europa

Noordamerika

das Nordamerika

Süüdamerika

das Südamerika

Afrika

das Afrika

Asien

das Asien

Australien

das Australien

de Atlantik

der Atlantik

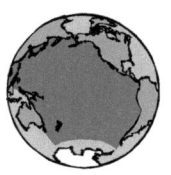

de Pazifik

der Pazifik

dat Indisch Weltmeer

der Indische Ozean

dat Antarktisch Weltmeer

der Antarktische Ozean

dat Arktisch Weltmeer

der Arktische Ozean

de Noordpol

der Nordpol

de Süüdpol

der Südpol

de Antarktis

die Antarktis

de Eerd

die Erde

dat Land

das Land

de See

das Meer

dat Eiland

die Insel

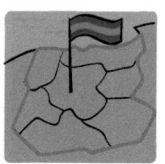

de Natschoon

die Nation

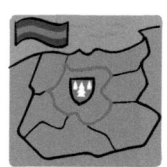

de Staat

der Staat

dat Tallenblatt

das Zifferblatt

de Stunnenwieser

der Stundenzeiger

de Minutenwieser

der Minutenzeiger

de Sekunnenwieser

der Sekundenzeiger

Wo laat is dat?

Wie spät ist es?

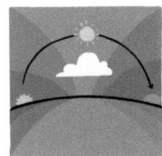

de Dag

der Tag

de Tiet

die Zeit

nu

jetzt

de digetaalsch Klock

die Digitaluhr

de Minuut

die Minute

de Stunn

die Stunde

# de Week
# die Woche

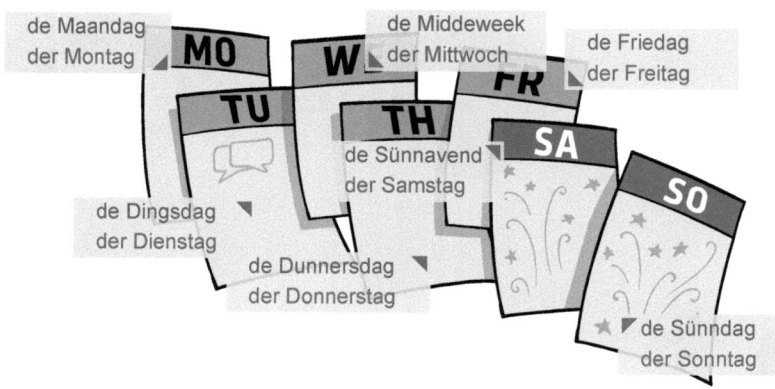

de Maandag
der Montag

de Middeweek
der Mittwoch

de Friedag
der Freitag

de Dingsdag
der Dienstag

de Dunnersdag
der Donnerstag

de Sünnavend
der Samstag

de Sünndag
der Sonntag

güstern

gestern

hüüt

heute

morgen

morgen

de Morgen

der Morgen

de Meddag

der Mittag

de Avend

der Abend

de Arbeitsdaag

die Arbeitstage

dat Wekenenn

das Wochenende

# dat Johr
# das Jahr

de Regen
der Regen
de Regenbagen
der Regenbogen
de Snee
der Schnee
de Wind
der Wind
dat Fröhjohr
der Frühling
de Harvst
der Herbst
de Sommer
der Sommer
de Winter
der Winter

4.APRIL 11°
5.APRIL 4°
6.APRIL 13°
7.APRIL 8°
8.APRIL 10°

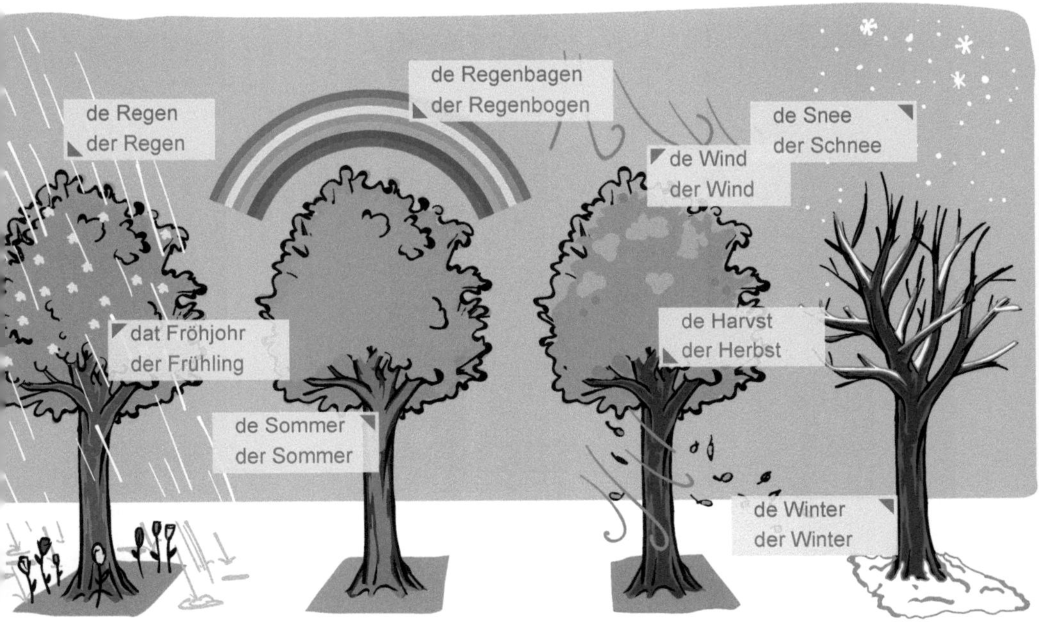

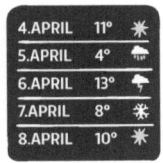

de Wedervörhersaag

die Wettervorhersage

F C
120 40
90 30
60 20
30 10
0 0
-30 -10
-20

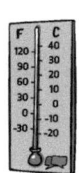

dat Thermometer

das Thermometer

de Sünnenschien

der Sonnenschein

de Wulk

die Wolke

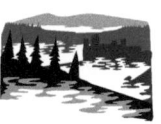

de Nevel

der Nebel

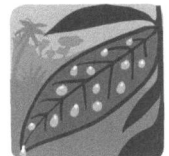

de Luftfuchtigkeit

die Luftfeuchtigkeit

de Blitz

der Blitz

de Dunner

der Donner

de Storm

der Sturm

de Hagel

der Hagel

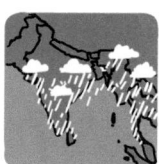

de Monsun

der Monsun

de Floot

die Flut

dat Ies

das Eis

de Januormaand

der Januar

de Februormaand

der Februar

de Martmaand

der März

de Aprilmaand

der April

de Maimaand

der Mai

de Junimaand

der Juni

de Julimaand

der Juli

de Augustmaand

der August

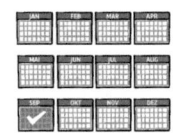

de Septembermaand

der September

de Oktobermaand

der Oktober

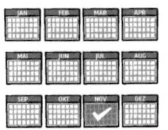

de Novembermaand

der November

de Dezembermaand

der Dezember

## de Formen
## die Formen

de Krink

der Kreis

dat Quadrat

das Quadrat

dat Rechteck

das Rechteck

dat Dreeeck

das Dreieck

de Kugel

die Kugel

de Wörpel

der Würfel

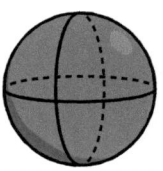

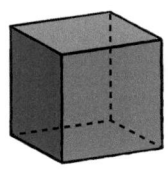

witt
·············
weiß

geel
·············
gelb

orangsch
·············
orange

pink
·············
pink

root
·············
rot

lila
·············
lila

blau
·············
blau

gröön
·············
grün

bruun
·············
braun

gries
·············
grau

swart
·············
schwarz

veel / wenig

viel / wenig

böös / verdreeglich

wütend / friedlich

smuck / mies

hübsch / hässlich

de Begünn / dat Enn

der Anfang / das Ende

groot / lütt

groß / klein

hell / düüster

hell / dunkel

de Broder / de Süster

er Bruder / die Schwester

schier / schietig

sauber / schmutzig

kumpleet / nich kumpleet

vollständig / unvollständig

de Dag / de Nacht

der Tag / die Nacht

doot / lebennig

tot / lebendig

breet / small

breit / schmal

geneetbor / nich geneetbor

genießbar / ungenießbar

böös / fründlich

böse / freundlich

fickerig / langwielt

aufgeregt / gelangweilt

dick / dünn

dick / dünn

toeerst / toletzt

zuerst / zuletzt

de Fründ / de Fiend

der Freund / der Feind

vull / leddig

voll / leer

hart / week

hart / weich

swoor / licht

schwer / leicht

de Smacht / de Döst

der Hunger / der Durst

krank / gesund

krank / gesund

nich na't Recht / na't Recht

illegal / legal

klook / dummerhaftig

intelligent / dumm

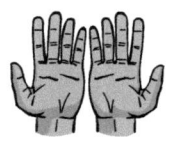

linkerhand / rechterhand

links / rechts

neeg / feern

nah / fern

nieg / bruukt

neu / gebraucht

nix / wat

nichts / etwas

oolt / jung

alt / jung

an / ut

an / aus

apen / slaten

offen / geschlossen

lies / luut

leise / laut

riek / arm

reich / arm

richtig / verkehrt

richtig / falsch

ruug / glatt

rau / glatt

trurig / glücklich

traurig / glücklich

kort / lang

kurz / lang

suutje / flink

langsam / schnell

natt / dröög

nass / trocken

warm / köhl

warm / kühl

de Krieg / de Freden

der Krieg / der Frieden

de Gegendelen  -  die Gegenteile

# de Tallen
## die Zahlen

**0**

null

null

**1**

een

eins

**2**

twee

zwei

**3**

dree

drei

**4**

veer

vier

**5**

fief

fünf

**6**

söss

sechs

**7**

söven

sieben

**8**

acht

acht

**9**

negen

neun

**10**

teihn

zehn

**11**

ölven

elf

## 12
twölf

zwölf

## 13
dörteihn

dreizehn

## 14
veerteihn

vierzehn

## 15
föffteihn

fünfzehn

## 16
sössteihn

sechzehn

## 17
söventeihn

siebzehn

## 18
achtteihn

achtzehn

## 19
negenteihn

neunzehn

## 20
twintig

zwanzig

## 100
hunnert

hundert

## 1.000
dusend

tausend

## 1.000.000
million

million

dat Engelsch

Englisch

dat Amerikaansch Engelsch

Amerikanisches Englisch

dat Chineesch Mandarin

Chinesisch Mandarin

dat Hindi

Hindi

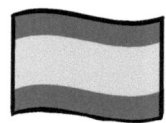

dat Spaansch

Spanisch

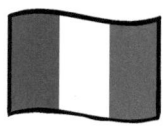

dat Franzöösch

Französisch

dat Araabsch

Arabisch

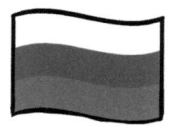

dat Rusch

Russisch

dat Portugiesch

Portugiesisch

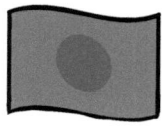

dat Bengaalsch

Bengalisch

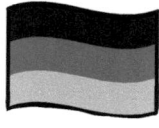

dat Düütsch

Deutsch

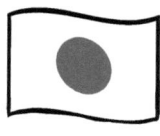

dat Japaansch

Japanisch

ik
<br>
ich

du
<br>
du

he / se / dat
<br>
er / sie / es

wi
<br>
wir

ji
<br>
ihr

se
<br>
sie

keen?
<br>
wer?

wat?
<br>
was?

woans?
<br>
wie?

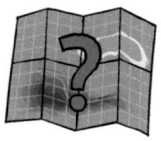

woneem?
<br>
wo?

wannehr?
<br>
wann?

de Naam
<br>
Name

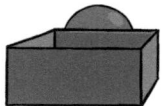

achter

hinter

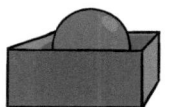

in

in

vör

vor

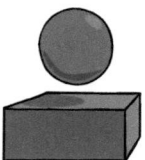

över

über

op

auf

ünner

unter

blangen

neben

twüschen

zwischen

de Oort

der Ort